悩む子どもを育てる親 子どもの才能を伸ばす親

養育能力格差社会の光と影

Nabeta Yasutaka
鍋田恭孝

日本評論社

悩む子どもを育てる親
子どもの才能を伸ばす親

養育能力格差社会の光と影

はじめに

親の育て方で子どもの人生が決定的に決められる時代になった。

スポーツの世界では、卓球の愛ちゃんを見てもおわかりの通り、多くの選手の親もかつての選手であり、本人は幼児期からその競技に親しんだ二世選手が多くなっています。そうではなくとも、親が子どものころから十分なサポートをしている選手ばかりです。今や、親と二人三脚で伸びてきた選手が圧倒的に多くなっています。

つまり、スポーツの世界では、明らかに親の育て方が決定的に重要になった時代だということです。プロ野球選手でも、子どものころは貧しい家業の手伝いをしているうちに体が鍛えられ、ある時期になって、その競技をしたらすごい才能を発揮したという往年のタイプの選手(西鉄の稲尾など)はいなくなりました。今や小学生から野球をしていなければ、まず一流選手にはなれません。それは親がそのような環境を用意しなければならないということです。

学力においても親の育て方が決定的に影響する時代になっているようです。東大生の家庭の年収が高いことが話題になりましたが、それは、お金というよりも、親からさまざまなサポートが豊かに与えられることが原因だと考えています。つまり単に「お金」の要因ではないのです。つまり、経済状態に連動するあるいは付随する親のサポート力が、決定的な影響を与えるものと考えています。ですから、経済的に豊かでなくとも、子どもの養育において、豊かなサポート・刺激を与えられる家庭であれば、一流大学に入学できるのです。子ども四人をすべて東大の理Ⅲ（医学部）に入学させたという佐藤亮子氏が話題となっています。彼女の家はそれなりに豊かな家ではありますが、彼女自身の子どもの勉強へのサポートはすさまじいものがあります。そのサポートが素晴らしいのであって、子どもの教育のために大金を使ったわけではないのです。

芸術の分野でも、学力以上に、親のサポートの優劣は決定的です。ピアニスト・辻井伸行さんの母親のいつ子さん、彼女の息子の才能を見抜く感性の鋭さ、そして、それを伸ばすための細心でかつ精力的なサポートや行動力には抜きんでたものがあります。

ますます時代は、親の育て方、特に母親の子どもへの関わり方が決定的な時代になりつつあるようです。素晴らしいサポートを受けた子どもたちは、すくすくと素直にその才能を伸ばすので、鬱屈したような暗さがありません。ある意味、どこか明るくて無邪気さが見え隠れしています。しかも、子どものころからコーチをはじめ大人との付き合いが中心のためか、あるいは、子どものころから豊富なメディアに触れて大人の世界を知るせいか、無邪気でいながら、インタビューなどでは驚くほど成熟した大人びたコメントをします。

今や、少子化が浸透し、一人二人の子どもを母親が十分に手をかけて育てられる時代になったのです。しかも、子どもの才能を伸ばすシステムが世に溢れるようになっています。親自身の養育態度とともに、それらをうまく利用する親の子どもは、すくすくと才能を伸ばせる時代になったと言えましょう。

このようなスポーツや芸術などの世界での若者の活躍を見ると、とても素晴らしい濃厚な親子関係が見られます。**これは親が一人の子どもに十分すぎるほどに世話を焼き、エネルギーを注げるようになった現代的な家族状況の明るい側面と言えましょう。これまでにない濃厚な親子関係が生み出した光の側面です。しかし、現代的な濃密な親子関係には負の部分や影の部分もあります。**

まずは虐待です。虐待の生ずる要因には、親の養育能力の低さ、育児に関するスキルの欠如などとともに、母親が孤立していることが関連していると言われています。つまり、子どもを育てる能力の無いまま、また、それを補う祖母などの存在の無いまま、孤立し密着して育児をしていることが問題だということです。これは少子化・少数家族化とともに、地域社会の喪失による孤立する親子の負の側面とも言えましょう。親における養育能力の欠如や何らかの親としての資質の欠如が、孤立した状況では、崩壊家庭や機能不全家族に至らなくとも、容易に多大な悪影響を子どもに及ぼす時代になっているのです。このような状況は大家族で群れの中で子どもを育てたような、一昔前の環境が消失したことと関係していると思います。そういう意味では、**今の母親は、昔の大家族の時代の母親より、難しい環境で育児をしなくてはならない立**

場に立っていると言えましょう。孤立した養育は危険でもあるし、現代は容易に孤立しやすい社会になってしまったようです。

しかし、親子だけの狭い養育環境が問題となることに関して、精神科臨床をしていて危惧しているのは、虐待や機能不全家族のようなあからさまな問題より、**「気付かないうちに悩む子どもを育てる親」の問題です。**親の持つ何らかの問題が、つまり、親の偏った考え、思い込みの強さなどが、直接子どもに影響する時代になったのです。しかも、修正する人が家族にいないため、時には底なしの悪影響を与えかねません。特にわが国に多いのは、心配しすぎて手をかけすぎたり、きちんと育てようと思うあまり、子どもの気持ちに目が向きにくくなる母親が問題を起こしやすいようです。

一見、安定しているように見える親子においても、不安の強い母親だけとの関係の中で育てられ、他に補う家族メンバーがいない場合を考えてみてください。子どもはひたすら、不安の強い母親との関係性のみで育っていきます。そのために、思春期になって不安性障害などの病いを発症する子もいるのです。そういう時代になったのです。

極端に言えば、**子どもの人生は親の育て方で、メダリストにもなりバラ色にもなれば、灰色にも、時には、苦悩にまみれた真っ黒な人生にもなってしまう時代になっているのです。私は、このような時代を「養育能力格差社会」**と呼んでいます。そういう時代になっているのです。良くも悪くも母親の持つ問題が、ダイレクトに子どもに影響してしまう状況になっているのです。

「子どもを育てるにはすべての村人が必要だ」というのは、あるアフリカの部族の言い伝えです。この言葉は、多数の子どもを産み、村社会で育てた一時代前のわが国にも当てはまります。一九六〇年代前半までは、六人以上の世帯が最大多数であり、地域社会も機能していましたから、子どもは生まれた直後から多数の他者の中で育てられました。しかし、四人・五人世帯も激減し、一九九〇年ごろからは二人・三人世帯が増加し始め、今や二人世帯が中心となりつつあります。親子の世帯であれば、二人世帯なら、親一人・子一人であり、三人世帯でも、一人っ子か、親一人に子どもが二人という状況になります。しかも自然な地域社会はとっくに失われています。そのため、子どもは、一人の親の子育てに大きく依存する時代となったのです。**現代は、群れ社会の中で育てる猿のシステムから、カンガルーのような、長い一対一の濃厚な関係性の子育てのシステムに移行しつつあるのではないでしょうか。**そのため、繰り返しますが、密着する親の養育能力が決定的に、そして直接に子どもに影響する時代となったのです。

子どもたち・若者たちを取り巻く社会状況は大きく三世代に分けられます。世帯人数に限ってここで触れると、戦後の大家族時代（一九六五年頃まで）、高度成長期の核家族・四人家族時代（一九六五年〜一九九五年頃まで）、そして現代の二人家族・三人家族が多数派になった時代です（一九九五年頃以降）。この三世代で家族構成を中心にさまざまな変化が起き、子どもたちを取り巻く環境は激変したのです。それが子どもの養育に影響しないはずがありません。この三世代を比較してみると、子どもたちの置かれている状況や若者たちの変化の理由がある程度わかります。大家族時代においては同胞も多く、近所にも子どもがうようよしていましたから、子どもは親との関係よりも子ども同士で群れて育ちました。子どもたちは群れで鍛えられました。親も忙しくて子どもに丁寧に手をかけられなかった時代です。貧しかったからハングリー精神もあり、世の中も一度壊れましたから何も揃っていず、自分で開拓しなくてはならず、パイオニア精神もありました。子どもらしい子どもが育った最後の時代だったとも言えましょう。そして、核家族の時代になると、同胞の数は二人が中心になり家族から子どもの群れが消えました。貧困も消えていきました。欲しいものは親が揃えてくれる時代になったのです。地域からは子ども社会が消えるとともに、世の中は高度成長期、子どもは受験戦争時代に入り、塾が乱立し、子どもたちは、家と塾とを往復する時代となりました。そのため、体力が低下していったばかりか、ある時期を過ぎると疲れ切った子どもたちが不登校となり、その数は年々、急増していったのです。そして、最後の核家族も減り、少子化・少数家族化の時代が来ました。子どもたちは一人二人となり、ほぼ親（主には母親）に丁寧に育てられる時代が来たのです。今や二人家族世帯が最も多い社会になったのです。そして、社会には群れる子どもの喪失を補うかのように、子どものためのさまざまな幼児教室やスイミング教室などが世に出揃い、子どもたちの多くはお稽古ごとに、せっせと通うような幼児期・学童期を過ごすようになってきているのです。そのためか、良い影響としては、二〇〇〇年半ば過ぎごろから持久走などの一部の体力は回復し始めています。

そのため、親に密着され、細やかに手を焼かれはするが、特別な才能教育をされることもなく、お稽古ごとでは、インストラクターの指示に従って動き、一人でいるときはＳＮＳやゲームに明け暮れて過ごす子が大半になってきたのです。今や、このような子どもが大勢を占めているかと思います。このように育っていくこの現代の光にも影にも入らない多数派である若者や子どもはどうしているのでしょうか。つまり、平均的な養育能力の親に育てられた多数の若者たちはどうしているのでしょうか。言われたことをそれなりにこなしていく素直な若者、それでいてどこか自己愛的というか自分のペースを崩さない多くの若者が最大多数になってきています。この流れは、豊かになり、大家族が消えていって以来、核家族・四人家族時代および二人世帯・三人世帯が大勢を占めるようになった現代へとつながる流れになっています。しかし、二〇〇〇年半ばごろから、やや若者は元気さを取り戻してきているような気がします。「熱さ」はないけれど、「それなりに頑張る」元気な若者が増えつつあるようにも感じています。**私は、この世代を「それなり世代」と呼んでいます。**現代の若者論については拙著『子どものまま中年化する若者たち』[32]を参考にしていただきたいと思います。本書ではあくまで、主にこの少子化・少数家族化の時代に密着した親との関係性がもたらす、光の部分と影の部分を述べるつもりです。それは「望ましい子育て」と「望ましくない子育て」について述べることになります。

本書の第一章においては、健康な子どもを育てるための養育態度、あるいは子どもへの関わり方について、かなり詳細に述べました。なぜなら、養育に問題のある親、逆に素晴らしく子どもの才能を伸ばした親について語るには、あるべき子育ての全体像を述べておかなければ、ポイントがわからないからです。

ここで述べられた内容の多くを実践していただければ、母親と子ども二人だけの家庭であっても、大金持ちではなくとも、健康で元気な子が育つと考えています。何より、子育てには健やかな母子関係が重要なのです。それがどういうものかを知ってほしいのです。そういう意味では、**本章だけで子育ての手引き書になると思いますし、少し大風呂敷を広げるとすれば、「子育てのバイブル」になる内容になっていると自負しています。**

そして、第二章では「養育能力格差社会」の影の部分ともいえる、**問題のある親子関係の具体例をなるべくわかりやすく述べました。悪い例を知ることで、反面教師として、自分の養育の参考にしていただきたいと思います。**

また第三章では、「養育能力格差社会」の光の部分ともいえる、子どもの才能を豊かに伸ばした三人のお母さん方の養育態度について述べました。**やはり、才能を伸ばすには、健康な子どもを育てる条件以外のプラスアルファーがあるようです。子どもの才能を伸ばしたいと考えている親御さんの参考になると思います。**

第四章では、幸運にもピアニストの辻井伸行さんを育てた辻井いつ子さんにインタビューができました。そこで、いつ子さん自身がどのように育てられ、どのような方であって、そのうえで、どのように伸行さんの才能を見つけ、どのように関わられたかを述べたいと思います。**ここには、子どもの才能を伸ばす母親とはどういうものかを考えるヒントがたくさん見つかると思います。**

最後の第五章では、三人のお母さん方が、子どもを健やかに育て、そのうえ、才能を伸ばした養育態度の共通点について私なりにまとめてみました。驚くことに、三人のお母さん方の育て方には、私が第一章で述べた健やかで元気な子どもを育てる条件がほぼすべて揃っていました。そのうえで、才能を伸ばすためのプラスアルファーがありました。子どもの才能を伸ばしたいと思っている親御さんは参考にされるとよいかと思います。

今や、「まったり」と、あるいは「それなり」に元気に生きる若者の合間を、鍛えられ純粋培養されたとでもいえるようなサラブレッドのアスリート・アーティストたちが疾走し輝いている時代になりました。そして、それとともに、一方で、さまざまな苦しみを抱き、心を閉ざしているような若者が密やかに生きているというのが、現在のわが国の若者・子ども事情のような気がしています。そして、この分かれ道は親の育て方で決まると私は考えています。大人であるあなたはどのタイプで育てられたのでしょうか。また、親であるあなたは、自分の子どもをどのように育てようとしているのでしょうか。

「輝ける若者派」か「苦悩をかかえる若者派」か「それなり派」か。これらは親の養育態度で決まる時代だということを繰り返し述べたいと思います。

本書が子育てをする親御さんに参考となるとともに、臨床家や教師をはじめ、子ども・若者に関わる方々の参考となることを願っております。何らかのお役に立てば幸いです。

第一章

健《すこ》やかな子どもに育てる養育とは

「はじめに」では、自然発生的な群れが消え、一人二人の子どもに手がかけられる時代になったこと、そして、大家族から、あるいは群れて鍛えられた世代からの過渡期に、子どもたち・若者たちが全体に力を落としたことを述べました。加えて、ここ一〇年近く前から、子どもたちは、再び元気を取り戻しつつあることも述べました。[1] 少なくとも一部の体力は改善してきているようです。その要因は、幼児期・学童期の親の養育の仕方、お稽古ごとなどのさせ方にあると考えています。そして、スポーツ・将棋やチェス・芸術などで、若者がトップレベルで活躍するようになってきているのは、皆さんもご存知の通りかと思います。

しかし、一方で虐待はうなぎのぼりであり、不登校児も中学生では高止まりしているものの小学生では増え続けています。一人二人の子どもに手がかけられる世になってはいても、あるいはなっているために、才能を十分に伸ばす子もいれば、かえって親子間の問題が深くなる子も増えているのです。つまり、すでに触れましたが、親の養育態度が、子どもに決定的に影響する時代になっているのです。言いかえれば、親の養育態度が、子どもの人生を決めるような時代が来たということです。**そこで本章では、それなりに元気に育つ子どもさんたちの必要な養育条件について考えてみたいと思います。そのうえで、より元気な子どもに育てるための条件についても考えてみたいと思います。**第三章で述べる才能を伸ばした親御さんの養育には、ここで述べる条件が揃っているものです。そういう意味では、ここで述べる養育条件は、才能を伸ばすための必要条件でもあると言えましょう。ただ、才能を伸ばすには、それ以上のプラスアルファーがあり、ここで述べる条件だけでは十分ではないということです。

我々臨床家は、問題を抱えたお子さんの治療の場合、まず、次の第二章で述べる問題のある親子関係を改善し、本章で述べるような健康な関係性になるように指導することから治療を始めます。お子さんが元気になるためには、親子関係が健全であることが何より大切だからです。逆に言えば、親子関係が、これから述べるような、ほぼ健康な関係性であれば、お子さんは健やかに育ちますし、ある年齢までは、親子関係が改善すれば問題を抱えた子も立ち直っていきます。

現代の多くの子は、一人っ子、二人っ子であり、親が不安に駆られながらも大切に手をかけて育て、幼児期から幼児教室などに通わされ、少し年長になればスイミングなどのお稽古ごとを複数こなし、ある時期からは塾に通い、多少の悩みを抱えながらも、それなりに育っていく子が多いのではないでしょうか。**この子たちがそれなりに健康に育っていけるには、これから述べるさまざまな条件がある程度揃っていたからだと考えます。ですから、本書を読まれる親御さんは、ここで述べるさまざまな条件を参考にして、子どもの養育をしていただきたいと思います。**私の臨床経験をベースにしながら、脳科学、発達心理学、臨床心理学などの報告や、さまざまな育児書も参考にして、私なりにエッセンスをまとめ上げたものなので、子どもの養育に役立つ内容になっていると思います。

A

養育を考えるうえで知っておくべき子どもの発達のポイント

1　脳科学や発達心理学で言われていること

実は、脳科学や発達心理学などの研究は急速に発展してはいるのですが、育児に参考になるような確実な知見は見出されていないと思います。例えば、脳科学においては、どんな活動をしているときに、脳のどこの部位が活性化しているかという研究は急速に進んでいますが、脳がこの時期にこういう発達を遂げるから、こういう刺激を与えたほうが良いなどというほどの確実な結果は得られていないのです。ただ養育上知っておいた方が良いのは以下の点でしょうか。

まず八か月から一五か月ごろまで、脳は神経細胞同士のネットワークを急激に増やしていきます。三歳ごろまで増やしていく部分もあります。ですから、この時期までにいろいろな刺激が与えられることは何らかの意味があるでしょう。ただ、どのような刺激が良いかはわかっていません。そして、この時期以降、使われないネットワークは刈り込まれて失われていきます。使われるネットワークは強化されていき、刺激を受けないネットワークは消えていくのです。つまり選択され始めるのです。そして、三歳ごろまでにこのネットワークの回線の整理がある程度完成し、より機能が効率よく働くようになります。ですから、一歳半から三歳ごろまでに、どのような刺激が与えられるかは大切な問題となりますが、未だ、はっきりはしていません。ただ、乳幼児で言葉が理解できない時代であっても、親がいろいろ語りかけることは意味があるでしょうし、豊かなスキンシップも大切な刺激になることは間違いないと思います。

二歳から三歳ごろに言語領域が発達することもわかっています。といって、このころに外国語を学ばせるとよいかどうかは議論があるところです。母国語の基本文法システムが完成しないうちに、他の言語システムを学ぶことはマイナスに働く可能性も指摘されているからです。でも、この時期に、本を読んであげたり、親子のコミュニケーションを豊かにすることが大切であることは間違いないでしょう。そして、四歳ごろから前頭葉が本格的に機能し（相手の気持ちを慮《おもんばか》れるようになるなどが機能するようになる）、九歳ごろまでに前頭葉をはじめほぼ脳の発達は完成します。ですから、一歳半ごろから九歳までに、将来伸ばしたい何ものかを訓練するのは大切なことかもしれません。経験的にも、才能を伸ばした多くの若者が、この時期のどこかで、その領域について鍛えられ始めていることも間違いありません。

ただ、前頭葉の神経線維の髄鞘化（神経線維の絶縁化を起こし、より処理システムが早くなり機能が安定する）が完成するのは一八歳ごろと言われています。（前頭葉の発達はその後も続くと言われていますが）これで本当に大人の脳がほぼ完成するのです。ただ、私自身は、一二歳ごろから（つまり思春期の始まるころから）、自分を第三者的に見るメタ認知が可能になりだすことを臨床的に確認していますので、大人への脳化は、このころからスタートしていると考えてよいと思います。完成するのが一八歳ごろだということです。このような変化は思春期の子どもの変化には関係していますが、養育態度で変わるものではありません。思春期になると、大人顔負けの作曲（モーツァルトなどは別格にして）や小説が書けるようになるのも、前頭葉の発達に伴う創造力の発達が関係していると思っています。

また、発達心理学においても、「心の理論（相手の視点から考える能力の研究）」などの新しい考えも提出されているのですが、まだ、異論もあって確実なことはわかっていません。ただ、四歳前後になると、本当に相手の気持ちを想像できる力がつくらしいことは経験的にわかっています。また、発達心理学の研究方法としては、少数の何名かの子どもを観察したデータを根拠にしていたり、多数の子どもや親への質問紙によるデータを統計処理した結果から推論することが多いため、その結論が個々の子どもに当てはまるかどうかは疑わしいのです。ですから、自分の子どもには必ずしも当てはまらないことも多いのです。発達心理学の報告を読んで、自分の子どもが標準とずれていたりしても、焦らないでください。

このような状況のため、現時点では脳科学の本を読んだり、発達心理学の本を読んでも、直接、自分の子どもの養育に具体的に参考になるような報告はほとんどないのです。**実際の母親としての養育経験や幼児の教育現場の経験の方からの提案のほうが、はるかに参考になるというのが現状です。**

つまり、どこかに養育のための科学的な答えがあると考えないほうが良いのです。ですから、脳の発達のスケジュールや、発達心理学からの平均的な数値などを参考にはしても、頑なに信じて、それに子どもを添わせようとすることはマイナスに働くことが多いのです。まだ、養育や幼児教育の経験からの提言のほうが個々の子育てには役に立ちます。ですから、経験からの育児書が今でも盛んに出版されているのです。本書も、その中に含まれるかもしれません。

個々の養育においては、個人差が大きいので、母親が子どもをよく見、感じ取り、判断する方が、よほど子どもの正確な状態を把握できると思います。しかし、一方で、やはりこの程度は知っておいた方が子育てに役立つ、という報告や知見もありますので、大枠についてお話ししたいと思います。

2　幼児期までの子どもの発達の大体のプロセスとポイント

a　生まれつきというものはあるのか

まず、子どもには生まれつきの気質というものが多少はあるようです。例えば、トマスとチェスらの有名な調査があります。それによると、三つのタイプに六〇％の子どもが含まれるという結果が出ました。その三つのタイプというのは「easy child（扱いやすい子）」「difficult child（扱いにくい子）」「ウォームアップに時間のかかる子」の三つのタイプです。「扱いやすい子」とは、食事、睡眠、排せつなども規則的で、新しい環境にも適応しやすく、いつも機嫌がよく、よく笑う子どもです。「扱いにくい子」は食事、睡眠、排せつなども不規則で、新しい状況には不機嫌になり、適応には時間がかかり、社会化する過程にも問題が生じやすい子です。「ウォームアップに時間のかかる子」は新しい状況にはネガティブな反応を見せるものの、徐々に慣れていく子を意味します。自分の子が、「扱いにくい子」であれば大変ですが、そういう子なんだから、新しい環境などに慣れさせるには時間がかかるものかなと思われたほうが良いかもしれません。ただ、この傾向がどの程度、環境によって修正されるのかはわかっていないので、一つの参考にされると良いかと思います。看護スタッフすら「扱いやすい子」には自然と愛らしい気持ちが湧きやすいのですが、「扱いにくい子」には、親しみが持ちにくいと感ずるという報告もあります。ましてや、母親であれば、「扱いにくい子」というタイプがあるということを知っておけば、規則通りの生活をさせようとしたり、無理に新しい環境に慣れさせようとして、母親がイライラすることを防ぐことができるかもしれません。

幼児期になると、やはり男女差はある程度あります。男の子は折り紙のような作業では、雑にやってしまう傾向がありますし、全体に落ち着きがなく、飽きっぽくて多動傾向があります。ただし、集中すると女の子より強い集中力を見せる傾向もあります。女の子の方がコツコツと積み重ねていくような作業は得意なようですし、おとなしい傾向があることは皆さんもご存知のことでしょう。もちろん、個人差はありますので、その子の特性をよく見てやってほしいと思います。特に、男の子のお母さんは「うちの子は落ち着きが無くて困る」と閉口していらっしゃるようでしたら、そういうものだと理解してあげてほしいのです。

男女差という意味では、こんな親子がおりました。小学校二年で不登校になったということで、親子で相談に見えました。母親は、子どもに対する不満と不安を述べました。

「この子は、男のくせにおとなしくて優しすぎるのです。いつも家で本を読んでいるか、何か一人遊びをしています。妹とままごとのようなことも好きなのです。幼稚園に行っても、服を汚してこないのです。つまり、元気に外遊びをしないのです。それが情けなくて仕方がないのです。三歳下の妹の方が活発です。こんなやわな子では、これからが心配でなりません」と言われました。

本人は、優しく繊細な感じであり、話をすると利発な子であることがわかりました。母親は、夫に幻滅しており、頼れるのは長男の彼だけだと期待したのに、女のような優しい子だったのです。それが許せないし不安でもあったのです。結局、しばらく、母親をサポートしていくうちに中学に登校するようになり、受診しなくなったのですが、なんと、ほぼ二〇年後、母親が更年期障害のような症状で受診されました。それで、その後のことがわかったのですが、息子さんは、順調に一流大学を出て、一流の企業に勤め、結婚もし、離婚した母親を引き取っていたのです。一度、母親のことで母親同伴で受診されたのですが、すっかり落ち着いた社会人になっておられました。今は大きなプロジェクトを任されているとのことでした。私が母親に「頼り甲斐のある息子さんに育ってよかったですね」と言うと、ややはにかんだように「ありがたいことです」と言われました。男の子のような女の子は、比較的、受け入れられやすいのですが、女の子のような男の子は、何かと馬鹿にされたり、親に不安を抱かせるようです。しかし、成長すると大きく変わるものです。女の子のような繊細な息子さんを持つ母親は、このことを理解しておいてください。

身長の高さや（両親の身長から大体の予測をする計算式があるほどです）、酒に強いか弱いかはほぼ遺伝子の強い影響下にあることはわかっています。運動が苦手とか、アウトドア志向やインドア志向もかなり遺伝子で決められているという考えもありますが[23]、この点はまだはっきりしていません。**とにかく、その子の特性を大事に見つめてあげてほしいのです。乳児にすら、生まれつきの性格・特性があるのは確かなようです。**

b　知覚の発達で知っておくこと

次に知覚の発達について知っておいていただきたいのは以下のことです。まず、皮膚感覚については、触覚、温痛覚なども新生児の段階で備わっているようですし、重さや形の識別能力なども備わっていることがほぼ確認されています。ですから、乳児から、豊かなスキンシップをすることが大切になるでしょう。

聴覚については、胎児期からある程度発達していることがわかっています。生まれた段階で、少なくとも低周波の音には、大人と同じレベルの能力があると言われています。そして、かなり早い段階で大人のレベルに達するようです。赤ちゃんは、いろいろ聞いているのです。ですから、乳児期から音楽を聞かせたり、母親が何かと話しかけることが大切であることは間違いありません。特に、乳児期には、母親が、まるで子どもが成熟した人格を持つものとして話しかけていることが多いと思います。子どもを見ていると、そこに、大人と同じような心があるように感ずるものです。これをある学者は「錯覚」と名付けました。つまり、親は反射的にしか生きていない子どもを、大人のような心を持った存在だと錯覚するというのです。そして、そのように錯覚した子どもに対して、わかってもいない言葉でさまざまに話しかけ働きかけます。これが大切な働きかけだとも言っているようです。この点については私も賛成です。ですから、母親は、乳児が言葉を理解する前だから、話しかけても仕方がないとは思わず、まるで、すべてを理解している大人のような存在のつもりで、話しかけ、関わりを持つことが、子どもの言語能力だけでなく共感能力やノンバーバルなコミュニケーション能力を育む可能性が高いと思います。

嗅覚も生まれつき母親の匂いをかぎ分けられることも知られていますし、だいたい大人と同じ傾向の匂いを好むこともわかっています。ですから、不快な匂いは子どものころから嫌がります。この点も知っておきましょう。

味覚についても新生児の段階でほぼ大人のレベルに近い能力がありそうです。ただし、発達早期段階では、身近な大人から与えられたものであれば、よほど変な味のするものでない限り、かなり幅広く受け入れる傾向があるようです。逆に言えば、乳幼児期の比較的早い時期に、個人の食の好みの大本が形成されるようです。この間に口にしていないと、遅くとも三歳くらいからは、新しいものをあまり食べようとしなくなる傾向が強まるとのことです。そのためか、離乳が遅れて、固形物を与えられる時期が遅くなればなるほど、好き嫌いが激しくなる傾向があるそうです。どうも三歳ぐらいまでに好みの種類がある程度決まる可能性があります。実は、私自身、偏食傾向があります。三歳ごろに離乳食が遅れたのか、そのころにいろいろ食べさせてもらえなかったのかと、やや、残念に思っています。困ってはいませんが……。

視覚については、新生児では〇・〇二から〇・〇五ほどであり、ぼんやりとしか見えていないと言われています。その後、発達し、三歳くらいで成人レベルに達すると言われています。ですから、絵本を見せるには、かなり発達している一歳近くが良いのかもしれませんが、そういうことより、ボンヤリとは見えているので、子どもが興味を見せた時に見せるほうが良いと思います[5]。

運動能力は大体、以下のように発達していきます。

生まれて三か月ごろまでは体を起こすことができないので、手や脚をばたつかせる動きが中心です。ですが手全体でモノをつかむことはできます。いろいろ握らせてあげましょう。四～六か月になると、俯せの姿勢で、モノを引っ張ったり振ったりして遊びます。さらに、七～九か月になるとお座りやつかまり立ちができるようになるので、手を自由に動かせるようになります。一〇～一二か月になるとハイハイや伝い歩きができるようになり、移動範囲が急速に広くなります。探求心も高まり、おもちゃの出し入れをしたり、ものを付けたりはがしたりします。私の息子も、この時期にシールを家中の家具や壁に貼ることが大好きでした。場所によっては、「ここは貼ってはいけないところ」と教えていましたが、家中、シールだらけの時期がありました。

ここでハイハイと「歩行」について一言。ハイハイの発達には、一貫した規則がないようです。最初のうち、ゴロゴロと体を回転させて移動する子もいれば、前にではなく、後ろずさりする子もいます。また、座ったままお尻をもぞもぞと動かして進む子もいます。両腕を同時に動かして進もうとする子もいれば、泳ぐように四肢を動かして進もうとする子もいます。中には、まったくハイハイらしきものを見せることなく、いきなり立ち上がって歩行し始める子どもいます。このように子どもによってかなり個人差があることを知っておいてください。また、歩行も個人差が大きいようで、一歳前に独り歩きができる子もいれば、生後二年の後半にやっとという子もいるのです。(5) 自分の子どもが遅い場合、焦らないことが大切です。少しずつ、ハイハイができるようになり、歩行を試すようになることを楽しみにしながら見ててあげてください。そして歩けたら、子どもと一緒に大いに喜んでください。

c　言葉の発達で知っておくこと

ハイハイと歩行と同じように気になるのが言葉の発達です。大体、以下のように発達していきます。

生後二か月を過ぎたころ、機嫌のいいときに、初めて声のような音を出すようになります。「アー、クィー」というような鼻にかかった柔らかな音です。クーイングと言われるものです。三か月過ぎたころ、喃語と呼ばれる「バ」「ムー」などと話すようになります。そして七か月ごろになると「パパパ」「マンマンマン」など同じ音を繰り返して話すようになります。これを反復喃語と言います。三〜四か月になると周囲の人たちを見つめたり、声を出したりするようになります。見つめる、見つめ返す、微笑む、微笑み返す、発声に対して発声するというように、赤ちゃんとの間でコミュニケーションがとれるようになります。母親はとても楽しく幸せに感じます。そして、生後一〇か月から一五か月ぐらいの間に子どもは初めて意味のある言葉を発するようになります。これを初語と言います。初語が出た後、言葉の獲得はゆっくり進みます。初語から五〇語ぐらいまでは大体半年程度かかります。しかし、一歳半を過ぎて五〇語を超えるころになると、語彙は急速に増え始めます。この時期を爆発的増加期と呼びます。[5]そしてこの時期には、子どもはモノに名前があることを認識するために、「コレナーニ？」としきりに聞くようになるので、質問魔になることが多いのです。質問魔君に対しては、親は根気良く答えてあげてください。子どもも満足します。そして、二語文が可能になり、いくつもつなげて文を話せるようになります。この時期は特に話させてあげましょう。親としては、わかりにくくて、多少、忍耐が必要な会話になるかもしれませんが、余裕をもって話させてあげてください。ある教育者は、子ども二に対して、親が一の比率で話し合うとよいと言っています。一つの目安になるかと思われます。[41]やがて四歳ごろになると、自身の体験について、特定の過去になされたという認識を伴って、過去を報告できるようになります。これを自伝的記憶が完成したと言います。そして、五歳半ごろには、ファンタジーについても語れるようになります。これで、ほぼ大人と同じ話ができるようになったと言えます。この時期にいろいろと絵本を読んであげたり、時には、親が物語を作ってあげて話してあげるのは、子どもをとても楽しませますし、想像力・創造力を育てる可能性があります。

しかし、言葉の発達にも個人差が多いので、よほど遅れているとか、話の文法が変だということ（発達障害に見られる）以外、それほど気にする必要はないでしょう。

d　思いやりの気持ちと遊びについて

最後に、子どもの思いやりの気持ちと遊びについて簡単に触れたいと思います。

相手を思いやる気持ちがいつごろどのように発達してくるかは、いろいろな調査がありますので、詳細は発達心理学の本などを見ていただきたいのですが、ここでは、大枠だけを述べたいと思います。

一歳に満たない子どもでも、自分のおもちゃを相手に譲るという行動が見られます。このような行動がどの程度、相手の気持ちを理解してのものかはよくわかっていません。また、二歳前後になると、相手を言語的にも身体的にも慰めたり助けたりする自発行動が著しく増加することが知られています。まだ、この時期は、このような行動（向社会的行動と呼びます）は、家族やよく遊ぶ仲間にだけ向けられる行動です[5]。でも素敵な行動ですね。そして、本当の意味で相手の気持ちを想像できるようになる、相手の立場になって考えることができるようになるのは、以前、少し触れましたが、四歳ごろだと言われています（思いやりの機能をつかさどる前頭葉が機能しだすのも四歳ごろと言われているので、この点は一致します）。これは、「心の理論」という研究で言われていることです。しかし、実は、もっと早くから相手の立場に立って考えられるという意見もあり、まだ、結論は出ていません。たぶん、早くとも二〜三歳ごろまでは、本当の意味で相手の立場に立って考えられない可能性が高いので、子どもを叱るときなどに、「相手の気持ちを考えなさい」という言い方は、わけのわからない叱り方になってしまい

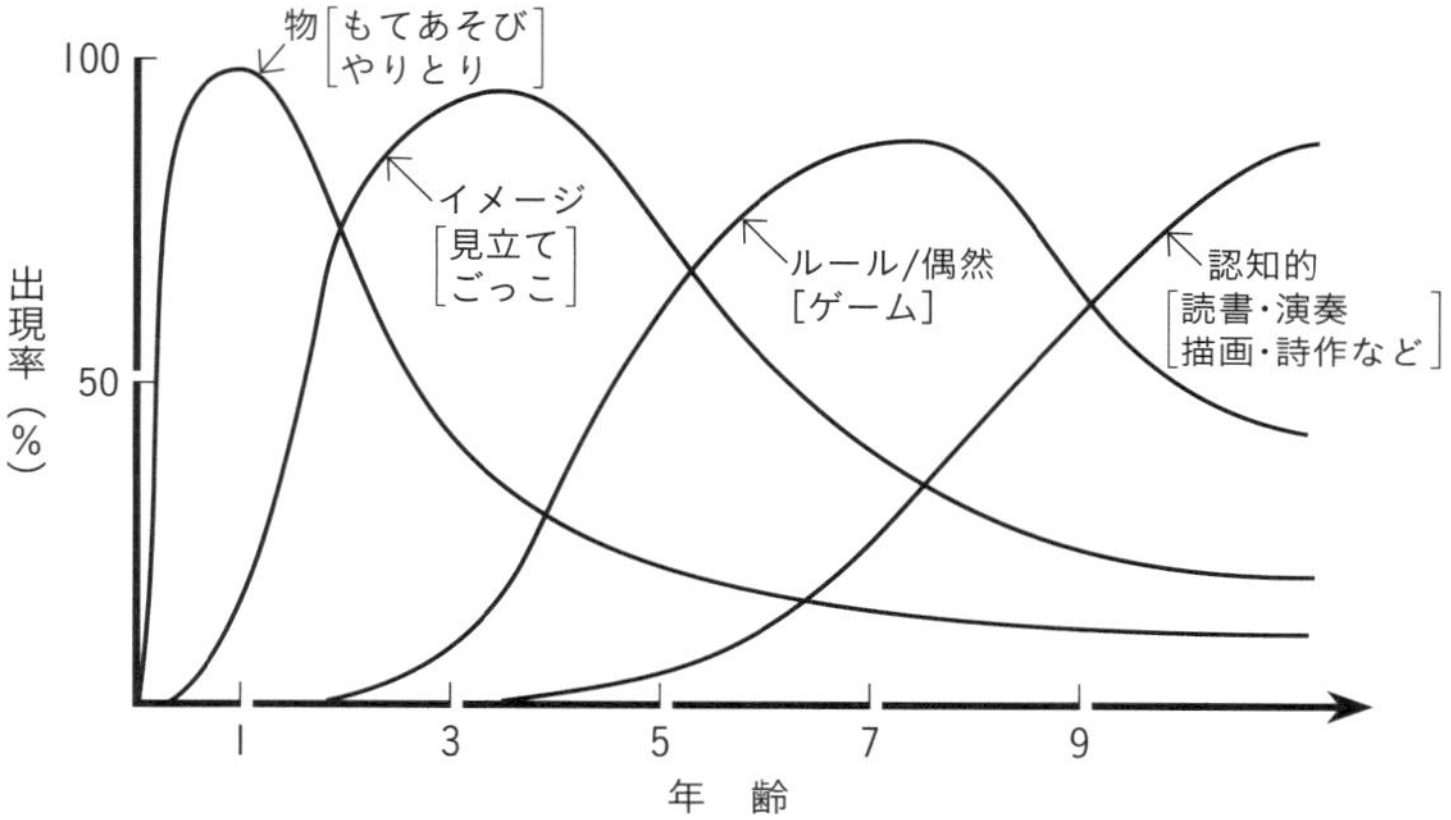

図１　遊びの発達的変化の「波」（中野，1985, p. 62 を改変）

そうです。やはり、子どもの発達の様子を見て言った方が良いかと思います。

遊びについては、本当に子どもがどのようなモノに興味や好奇心を抱くのかとか、子どもの能力との関係を考えながら遊ばせることが大切になると思います。ただ、大枠は、図１のように発達していきます[39]。この程度に知っておいて、あとは子どもとのやり取りから、どんな遊びが子どもに向いているのかを考えていただきたいと思います。後に述べる佐藤亮子さんは、「遊びには『旬』がある」と言われていますが、的確な言葉だと思います。

3　学童期（三〜四歳から一〇〜一二歳）の発達のプロセス

a　学童期は質的な変化がなく安定しており、さまざまなものが学べる時代である

四〜五歳ごろになると小さな大人になります。自立して運動できるようになり、走ることもでき、言葉も話せるようになります。また、人に対する思いやりの気持ちも抱くようになります。このころから一二〜一三歳ごろの思春期までは、量的な発達が中心になり、質的な大きな変化はない時期になります。幼児期後半も入りますが、ここではとりあえずこの時期を学童期と名付けます。

体が大きくなり、言葉が増え、運動の能力も、より速く走れたり強い力を発揮できるようになります。しかし、これらは質的な変化というより量的な変化です。そういう意味では、学童期はとても子どもが安定している時期とも言えます。しかし一方で、さまざまな躾が必要になり、また、各種の習い事をスタートする時期でもあり、養育としては、親御さんの頭を悩ませる時期でもあります。そして、このころにいろいろ身につけさせるのが良いという考えがあります。特に教育者からの意見がさまざまにあります。運動神経は、五〜六歳ごろに鍛えることが決定的に大切だという教育者もいます[42]。最近の一流のアスリートやアーティストばかりでなく、囲碁・将棋・チェスなどまで、このころに始めた一流選手が大勢いることは皆さんもご存知でしょう。ですから、何かを始めるのは、このころが良いのは確かなようです。卓球の愛ち

ゃんも美宇さんも、三歳半ごろから卓球の本格的な練習を始めています。将棋の羽生善治氏は、小学校一年生（たぶん六歳）に将棋を知り熱中していき、二年生から将棋教室に通い始め本格的に鍛えていったようです。

b　幼児期から学童期に見られる子どもの特性

幼児教育からの提言で私が参考になると考えたのは、モンテッソーリの「**敏感期**」[8][12]の考え方と、横峯式教育で有名な横峯吉文氏の考え方です[42]。両者について簡単に紹介したいと思います。

モンテッソーリの「敏感期」というのは、子どもには何ものかに強く興味を抱くときがあるという考えです。彼女は「子どもは環境に恋をし」「環境と恋仲になる」と言っているそうです。とても詩的な言葉ですね。今で言えば、「子どもにはマイブーム」があるということでしょうか。つまり、「敏感期」というとき、「敏感期」の対象に関わっている時は、燃え上がる命の輝きが特徴であり、今やりたいものを環境の中に見つけた子どもは夢中になり、真剣に熱心に顔を輝かせる時期があるということです。敏感期にある子どもが不機嫌になるのは、何かに強い興味や関心を抱いたにもかかわらず、大人の鈍感さによって、その興味が断ち切られたときに表れるとも言われています。そして、敏感になるものには、「秩序」「感覚」「運動」「ことば」などがあると言われています。私は特に「秩序」への敏感期がとても参考になると思います。

ほぼ一歳半から三歳の時期が「秩序」への敏感期なのですが、この時期は、「いやいや期」とも言われ、英語では「the terrible twos」とも言われ、扱いにくい時期でもあります。この秩序への敏感期は早い子は生後数か月から始まり、二、三歳ごろをピークにして六歳ごろに消えるものと言われています。この時期、子どもは自分の中にある秩序に従いたいと強く思っているのです。それは一つには、いつもと同じようにやりたいという気持ちとして表れます。登園する道が工事をしていて通れなくて、別な道を行こうとしても嫌がるというような態度に出ます。つまり、「いつも決まった順番通りでないと気持ちが済まない」「いつも同じものは同じ場所でないと嫌だ」「これは『私のもの』『これはパパのもの』などと所有物がちょっと入れ替わると怒る」「いつもやっているようにやってもらいたがる」などに表れます。また、一歳半から二歳にかけて、たとえ漠然とした形にしろ、すでに身辺の秩序への欲求をはっきり表します。特に親が急いでいるときに、お出かけの順番がいつも通りでないと怒り出して遅れそうになり、焦ったという経験をされている方も多いのではないでしょうか。しかし、いつも通りの順番で準備することが、子どもにとって、とても大切なことであることを理解してほしいと思います。また、所有にこだわっているときは、友達におもちゃを貸してあげられません。自分のものを完全に自分のものとして扱いたいのです。場所のこだわりについても、例えば、食卓はいつも同じところに座りますが、お客さんが来ると変化することがあります（父親の座る位置が変わるなど）。それがどうしても嫌なのです。これは、自分の世界を自分でコントロールしたいと思い始める時に起きる現象だと私は思っています。思春期でも、自己主張が強くなるころに、何らかのパターン・秩序を大切にするという傾向が表れます。とても大切な自己コントロールの芽生えなのです。

運動の「敏感期」もあります。主に三歳から七歳前後の時期に表れます。この時期はありとあらゆる動き方を身につけようとします。そのため、どのように動けばよいのかに強い関心を向けます。人の動きも注視します。そして、動き方を身につけるために精一杯努力する時期だとのことです。**この時期は、一生に一回だけ、人間が全力を出し切ることを決して惜しまない珍しい時期とも言われています。**また、バランス感覚を身につけるのは四歳ごろと言われています。このころの子どもは、あえて、道のはじを歩いたり、橋の欄干を歩きたがることも多いようです。バランス感覚を楽しんでいるのです。家の中では、テーブルの上に乗りたがるなどにも表れます。自分の身体感覚を楽しんでいるのです。洗練した指先の動きに興味が出るのは二歳ごろからと言われています。子どもにじっくりと何かに取り組めるようにさせてあげるとよいかもしれません。

感覚の「敏感期」もあると言われています。感覚が洗練されていく時期とも言われています。味覚にも触覚にも敏感になる時期があるようです。しっかりと子どもを見てあげましょう。すると、何らかの音に興味を持ったり、特定の味に固執したりする様子が見られるかもしれません。

このほか、社会的行動の「敏感期」として、お手伝いをしたがる時期があるとも言われています。大体三歳から五歳ごろです。大いに手伝わせてあげましょう。また、言葉への「敏感期」もあると言われています。その一つの表れが質問期です。何でも聞きたがります。名前も知りたがります。大いに付き合ってあげてください。

多少、どのような「敏感期」がいつごろにあるのかという点については、意見が分かれている部分もありますが、この「敏感期」という考えは大切ですし、子どもを理解する上では、重要なものであることには違いないでしょう。特に、秩序への敏感さは、頑固になりますので、親は十分な理解が必要です。運動や感覚やお手伝いなどの「敏感期」に子どもが何かに没頭していたりするなら、危険でない限り見守ってあげましょう。子どもは、そのことに恋しているのですから、没頭できると本当に幸せなのです。

次に、横峯式の教育法からはどんなヒントが得られるでしょうか。私が気に入っているのは、幼稚園児の特徴として、以下の点を考えていることです。「子どもは競争したがる」「子どもは真似をしたがる」「子どもはちょっとだけ難しいことをしたがる」「子どもは認められたがる」。このような特質は、家庭での養育にも参考になると思います。特に真似をしたがるのであれば、親がいろいろな活動を見せてあげるとよいでしょうし、少しだけ難しいことをさせてみるというのも参考になります。そして、認めてあげることはもちろんとても大切なことです。

そして、何より、彼の基本姿勢が**「自学自習」**をモットーとしていることです。課題を与えた後は、子どもを観察し、子どもが迷ったときにだけ手を貸すべきだと言います。しかも、子どもが何かを自主的に尋ねてきた時だけにアドバイスするとも言われます。課題はゲーム感覚で楽しくできるように工夫されており、達成感を出す工夫がされているとのことです。このような基本姿勢は子どもの養育には、とても参考になる考えだと思います。

また何より彼独特のカリキュラムがあります。まず、ゼロ歳児から英語の歌を聞かせ英語のビデオを見せます。音楽もこの時期豊富に聞かせるようです。そして、三歳を過ぎて英語に馴染んだ子どもには、英単語と日本語を混ぜた英語劇をさせ、音楽については、各自にピアニカを与えて自由に吹かせるそうです。そして三歳からは読み書き計算を徹底して教えるとのことです。運動は、三歳からはブリッジ、逆立ち歩き、マット運動などを始めます。跳び箱はいつも置いてあるので、子どもたちは勝手に競って跳んでいるようですが、十一段まで跳べるように指導するようです。四歳になると男の子にはレスリングをさせ、勝負をする体験を豊富に与えています。女の子にはお手伝い的な活動をさせます。このほかにも夏の水泳や、自然の中での活動なども行われますが、基本的には、このような内容で六歳まで教育されます。

この三歳から六歳までの時期というのは、ほぼ、モンテッソーリのそれぞれの「敏感期」にもピッタリではありませんが、かなり一致しているので、とても良い教育方法かと思われます。園児が全員、逆立ち歩きや跳び箱十一段を跳ぶのを見ると感動的でさえあります。

とにかく、何より自学自習という態度が素晴らしいし、楽しく、子どもの好奇心を刺激しながらの教育は素晴らしいと思います。この時期の子どものやる気を伸ばし、潜在的なポテンシャルを引き出す一つの方法が、彼の実践によってある程度確かめられたとも言えましょう。

ただ、卒園児たちが、その後、英語の能力を伸ばしたとか、音楽やスポーツで活躍する選手を多数輩出したという話は聞いていません。調査していないだけかもしれませんが、一度、調査してほしいような気がしています。モンテッソーリの教育を受けた人には、クリントン夫妻をはじめ、フェイスブックの創立者のマーク・ザッカーバーグなど、さまざまな領域で活躍している人が多数いることが知られています。

とにかく、この学童期は、さまざまな能力が伸びる時期であることは確かなようです。そして、ほとんどの一流のアスリートは、現代においては、ほぼ皆が、学童期からそれぞれの種目や専門領域で頑張り始めるのも事実です。すでに述べたように、**自然発生的な子どもの群れが消えて、子どもが群れの中で鍛えられなくなった今、この時期を子どもにどのように過ごさせるかが大切になってきているのです。**

4　そして思春期へ——質的な変化の時

学童期が終わると思春期に入ります。これまで見たように、運動神経や読み書き計算に限ら

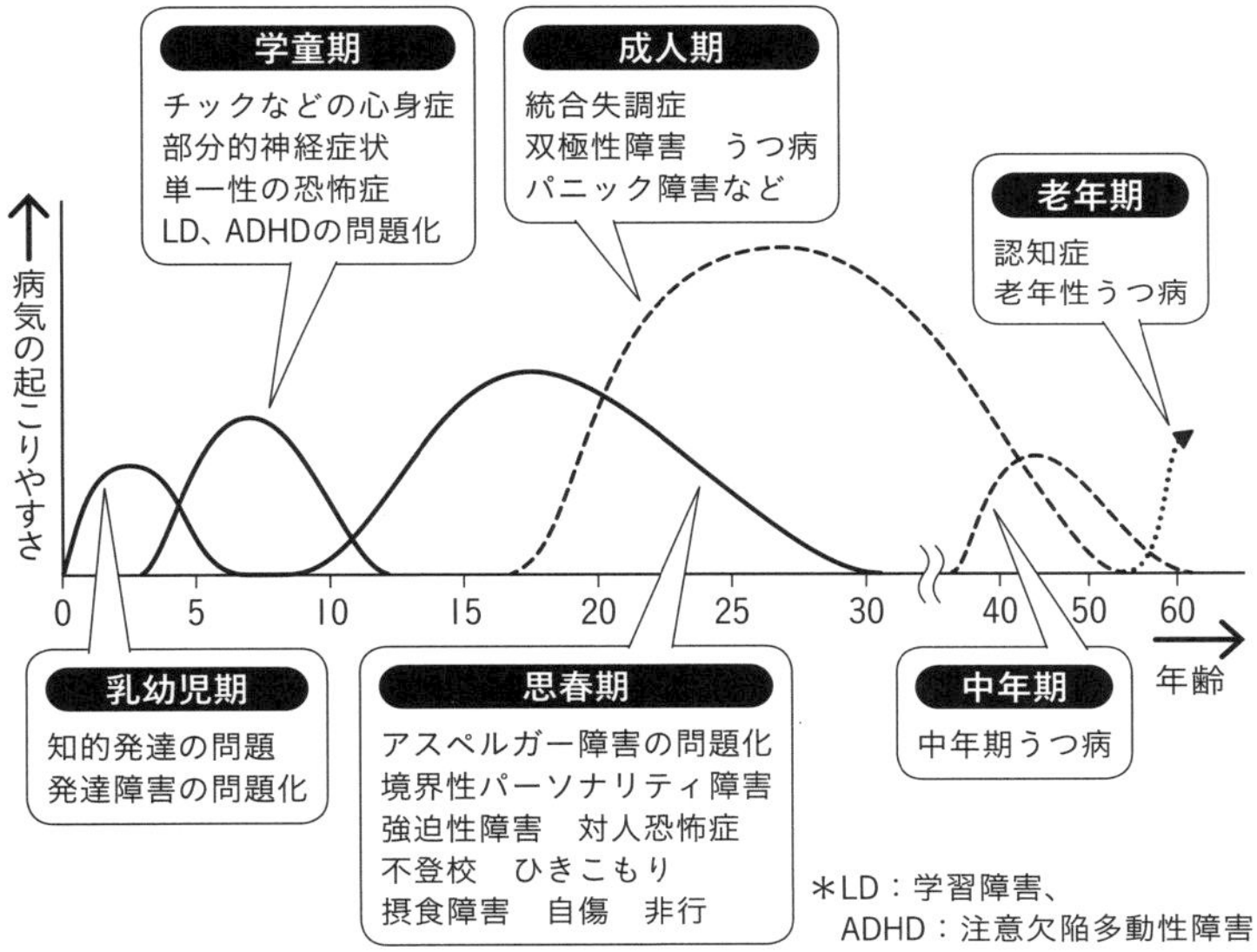

図2　心の病のライフサイクル

ず、囲碁や将棋のような複雑なゲームにしろ、さまざまな領域の活動において、学童期までに十分訓練できるということはわかっています。しかし、思春期に入らないと本当に機能を発揮できない能力もあります。それは複雑な創造的な機能と、極めて精緻な抽象的な思考です。ですから、作曲とか、小説を書く、体系的思想を築くなどは、思春期に入って本当の能力が発揮できるように思います。それは、脳科学的には、前頭葉がいよいよフルに機能しだした証拠かもしれません。

しかし、思春期には問題が起きやすいのです。図2を見てください[33]。思春期になるとさまざまな悩みやメンタルな問題が発生し始めます。それは、学童期までとは異なり、自分に対する向き合い方が質的に変化するからです。何より自分を第三者的に見る力が付きます。つまり自分に対してメタ認知ができるようになります。言いかえれば、自分自身を客観視できるようになりますし、人にどのように見られているかを非常に気にするようになります。そして、認知の発達かもしれませんが、現実のリアリティーも自分のリアリティーも見つめることができるようになります。すると、自分の欠点が見えるようにもなりやすく、友達や世の中の嫌な面も見えてきて、うんざりしかねない時期なのです。

私の考えでは、**基本的な性格や能力は学童期までに決まっており、思春期は、そういう自分に気付き、自己嫌悪に陥ったり、自己修正を図ろうとする時期なのだと思っています。**ですから、自分についての悩みが急速に増えます。自分の容姿を醜いと悩んだり[30]、太りすぎだと言って拒食症になったり、人といると緊張すると言って対人恐怖症になったり、人とどのように付き合えばよいかわからない自分が嫌になってひきこもったりします。こういう悩みやすい時期だからこそ「思春期危機」という言葉があるほどです。つまり自己嫌悪、他者嫌悪になりやすいのが思春期の特徴なのです。表1は、私がまとめた思春期に起きる心の変化の一覧表です[29]。生物学的には第二次性徴が起こり、大人に変化していき、体形も変わります。それ以外に、自己に対する意識、認知機能、対象関係が変わらざるを得ません。多くの子がこの変化に混乱し、さまざまな病理や悩みを抱くようになります。そして、その悩む子たちをよく見ると、学童期までの親子関係、すなわち、養育されてきた状況に問題のあることが多いのです（第二章参

表１　思春期における身体・認知などの変化と、それに伴う混乱

身体の変化	
衝動性の高まり	「衝動のコントロールの失敗」さまざまな行動化。
自律神経系・内分泌系の再調整	「身体の不調」多彩な不定愁訴、身体への違和感。
感情調整システムの再調整	「感情の不安定性」感情が揺れ動きやすい。
自己身体の変貌	「自己身体への没頭」自己身体への拒否感・違和感。
自己の変化（身体以外）	
自己コントロール欲求の増大	「強迫傾向」自分の思い通りにしたいがうまくいかない。
心理的自己の模索	「自己の障害」自分感覚の希薄さ。自分がない。
主体性が求められる	「自分で決められない」自分から動けない。
幼児的自己愛の修正	「傷つきやすい」こんなはずはない。
認知の変化	
現実検討力の増大	「自他の気に入らないところが見えてくる」
自己認識の高まり	「対人過敏性」人目が気になる。人目に映る自分への没頭。
想像力の高まり・思い込みが強くなる	「個人の世界が世界観に広がる」どうせ世の中こんなもの。 「想像と現実との混乱」
イメージの結晶化・表象が機能し出す。	「自他の表象に振り回される」厳しい超自我、理想の自己、理想の対象像、最悪の自他の表象などに苦しむ。
対象関係の変化	
親や年上の存在への両価性	「迷う・不安定な対象関係」
同年輩者との関係の重要性の増大	「孤独」どのように近づけばよいかわからない。
親密さと性的な願望との混乱	「どちらを求めているか自分でもわからない」

照）。しかし、学童期までに健やかな養育をされたお子さんは、多少の悩みを抱くことはあっても、思春期に悩みを深めることもなく、自己嫌悪（思春期の悩みの中心テーマは自己嫌悪であることが多い）にもならずに済むようです。

本書は、悩まぬ健やかな子を育てるための参考書でもありますので、思春期そのものについては、これ以上述べません。養育という意味では、親の役割は思春期には終わっています。何かを専門的に頑張ってきた子どもも、親から離れ、親以外のコーチや指導者に付く時期なのです。もちろん、親との緊密な付き合いはもう少し続きますが。繰り返しますが、**学童期までの養育の質が何よりも大切なのです。思春期は学童期までにできあがってきた自分と向き合う時なのです。**

思春期そのものについて知りたい方は、拙著『対人恐怖・醜形恐怖』『変わりゆく思春期の心理と病理』[30]と私が編集した『思春期臨床の考え方・すすめ方』[29]を読んでいただければ幸いです。

B

健やかで悩まない子を育てるための基本条件

――乳幼児の養育の基本的な心構え

ここまでは、子どもの発達のプロセスの大枠をお話ししてきました。そのことを参考にしながら、ここからは、健やかで悩むことのない子どもを育てるための、基本的な養育環境や親の態度とはどのようなものであるかを考えてみたいと思います。

1　出産直後の問題

出産直後の問題として、母親との接触の問題があります。出産直後に母親と子どもを離して管理する病院に対して、出産直後に添い寝をさせて、なるべく母親との接触を増やすことを重視する病院とがあります。そして、どちらかと言えば、後者のほうが望ましく、母性性が豊かになり、子どもとの愛着なども強化されるように言われることがあるようです。しかし、スウェーデンで行われた以下のような調査があります。[17] 出産直後の一時間のことではあるのですが、添い寝をさせた母子の一群と、五分間だけ母親が赤ん坊を抱いた後に、母親のわきの別のベッドに寝かされた母子の一群とを比較した研究です。結果は、最初の四日間は添い寝をさせられた母親の方が、乳児を愛撫したり、さすったり、抱いたりする量がずっと多かったという差が見られました。しかし、六週間後に調査したら、両者の群の母親にはまったく差が見られなかったという結果が得られました。要するに添い寝をした直後の短時間には影響しますが、それは極めて、短い期間の影響だということです。しかし、この調査は、一時間の添い寝の差だけですので、もっと長期間の差を設ければ、違いが出た可能性はありえます。私は、たぶん差が出ると思っています。ただ、この調査結果によれば、それほど、気にすることはないということになります。まだ結論は出ていないように思いますが、あまり、神経質になることではないのかもしれません。

2　授かりものを大切に育てているという気持ちが大切である

育児には不安がつきものです。まして長子などの育児は、すべてが初めてのことなので五里霧中の中で、ヒーヒー言いながらの育児になりがちです。でも、考えてもみてください。この世に、その子は自分のところに生まれてきてくれたのです。それは神からの授かりもののような存在なのです。共にいられること、育てられること、自分に身を任せていてくれることに感謝と喜びをもって関わってほしいと思います。そして、特殊な病気を除いて、自分のできる範囲で頑張っていけば、何とか育っていってくれるように子どもはできていることも自覚しておいてください。**子どもは脆《もろ》いものですが、一方で、それなりの条件を与えられれば、けっこう強い存在でもあります。そして、子どもの中に成長していく強い力が宿っています。その育っていこうとする力をサポートするという心構えが大切なようです。**そうです、親は、子どもにもともと備わっている成長していく力を、サポートするという心構えが大切なのです。

間違いのない育児、子どもが必要としているものを完璧に提供するような育児などはありえません。そのような完璧な育児は目指さず、子どもとの関わりを楽しんでほしいものです。そして、子どもも楽しいな、気持ちが良いなと思うようなことをできる範囲で提供し、子どもが喜んでいることをともに喜びながらの育児が望ましいと思います。まずい離乳食を食べさせてしまったとか、遊んでいるうちに転ばせてしまったとか、オムツを取り替えるのが遅れてしまったなどの失敗は、子どもには何の悪影響も与えません。それよりも母親が失敗した自分を「ダメな母親だ」と思って、自分を責める態度のほうが子どもに暗い影響をもたらします。**それなりにやっていけば、子どもの持つ生命力で育っていく、それをサポートしていこう、そして、子どもとのこの大切な時間を楽しいものにしていこうという態度が望ましいと思います。子**

育ては完璧主義よりもポイント主義の方がうまくいくようです。

3　育児不安について、育児不満について

まず、育児をするときには不安はつきものだと思ってください。ある調査では、母親に「自分を『一人前の母親』と認知しているか？」という質問をしたところ、八割の母親が「いいえ」と答えています。要するに、ほとんどの母親は、自分を不十分な部分のある母親だと考えているようです。もし、ご自分もそのように思われていたら、皆さんそうなんだと思われればよいかと思います。不十分な母親でもよいのかと思えれば、少しは不安も減るでしょう。私からすれば、逆に自分は完璧な親だと考えている親のほうが心配です。子育てをしていると自分の不十分さを感ずるとともに、それに伴って当然、不安も感ずるものです。特に初めての子の場合、何もわからずに、少しでも熱があったりすると悪い病気をいろいろ考えてしまうものです。私も、長男の時は、何かと不安になると、小児科の友人に電話して相談していました。週に数回かけることもあって、友人から心配しすぎだと叱られたこともあります。ですから不安はどうしてもあります。また、子どもの泣き声を間違えないように、大学病院にあった子どもの泣き声のレコードを借りてきて、これは空腹の泣き声、これは病的な可能性のある泣き声などを何度も聞いてみたのですが、どうしてもわかりませんでした。しかし、次男の時は、何故か、ほぼ、何となくわかるようになっていました。そういう意味では次男の子育ては楽で

した。今は、一人っ子が多いわけですから、不安の強い中で子どもが育てられることが多いだろうと想像しています。

子育てに不安はつきものだとは言っても、やはり、不安は少ない方が良いでしょう。それでは、不安に対してはどのように向き合っていけば良いのでしょう。

まず、育児不安の強い母親は孤立していることが多いことがわかっています(7)。ですから、母親は、孤立しないようにすることが大切でしょう。母親は、一人で抱え込まずに夫に相談するとか、親や姉妹にも相談できる人がいれば、相談したほうが良いでしょう。

夫は母親の相談に乗ることが大切です。正しい答えが出せなくとも、相談に乗ってもらえるだけでかなり母親の気持ちは落ち着くものです。しかし、残念ながら、わが国の父親の育児参加時間は先進諸国の中で極めて短いことが知られています。そして、父親の育児参加が少ない母親には育児不安が強いことも知られています。それ以上に、ある研究によれば、夫が育児参加をしてくれている母親は「子どもがかわいい」「育児は楽しい」といった肯定的な感情が強いとのことです。反対に、夫が育児参加をしない場合、母親は「イライラする」「育児がつまらない」「子どもがいなければよかったと思う」などの子どもや育児に対して否定的な感情を抱くことが強いとのことです。父親は、是非、育児参加をしましょう。母親の育児不安が減るだけでも、子どもが健やかに育つ可能性が高くなるのです。

また、孤立しないという意味では、近所のママ友も大切な存在になりえます。しかし、良いママ友だけがいるとは限りません。とにかく、一人でクヨクヨしているとどうしても視野が狭くなり、心配が膨らむばかりです。そういう時は、今は「子育て支援センター」などの公的な機関が豊富にありますから、それらを利用して、何かと相談に行かれることをお勧めします。あるいは、通いなれている小児科医を一人持っていることも助けになるでしょう。これらを大いに利用することもお勧めします。私のところにも、かなりのお母さんが、子どもとの関わり方を相談に見えています。たとえ、適切な答えが返ってこなくとも（私は適切なアドバイスをしているつもりですが）、相談に乗ってもらうこと自体に意味があると考えたほうが良いようです。少なくとも不安は軽減します。なくなりはしませんが……。

こんなエピソードがあります。子どもがどうしても泣き止まないので、近くに住む実母に電話で来てもらうことにしたところ、その実母が家に着いた瞬間に、何もしないのに子どもは泣き止んだそうです。これは、母親が実母が来てくれたことで安心し、心が和やかになったせいかと考えられます。子どもは親の不安にとても敏感なようです。

不安というものは、一人で抱え込むと、恐ろしいほどに膨らむものです。そして、孤立していると追い込まれてしまいます。私は、育児の世話に疲れ、不安と焦りの中で乳児の子どもさんを殺してしまった母親の精神鑑定をしたことがあります。本人は一所懸命にやろうとしていたのですが、殺した次男を風呂に入れていた時、次男はひどく泣いていたそうです。それに呼応するように、二歳上の長男が泣き始めて、焦る気持ちとイライラが募って、ついに次男を風呂に沈めてしまったのです。当時彼女は二人の育児で疲れ果てていたようです。夫は仕事でほとんど家を空けていて、まったく近所付き合いもなく、一人で不安の中で頑張っていたのですが、ついに力つき、追い込まれた心理状態で事件を起こしてしまいました。これは防ぎえた悲劇だと思っています。

また、育児不満（育児不安に入れる場合もあります）もあります。育児のために仕事ができなくなり、社会から孤立する不満について言われることが多いのですが、私は、子どもが思ったように育ってくれない不満も育児不満に入れてよいかと思います。特に自己愛傾向の強い親御さんは、子どもが自分の望む素晴らしい子でないところや、順調に育っていないことに不安よりも不満を抱きやすいと思います（第二章参照）。確かに、子どもは親の期待通りに育ってくれないことの方が圧倒的に多いはずです。それでも天使のようにかわいいと感ずる親がほとんどなのですが、一部に、気に入らない子どもを好きになれず、不満ばかりを持つ親もいます。不満は人を怒りに変えます。「どうしてこうなんだ」という。このように不満や怒りを向けられて育てられると子どもは自信を無くしますし、自分を好きになれません。自己否定的な子になりがちです。**親は、子どもというものは、期待通りには育たず、自分のペースで自分に備わった素質を元に伸びていくものだということを肝に銘じておいてください。**子ども自身や子どもの成長に不満を持つ親は、この点を気を付ける必要があります。

こんなお母さんがおりました。そのお母さんは、何でもきちんとやることが好きな人でした。ですから、食事も用意したものは全部食べさせる、喘息があったので、医師から勧められた運動（かなりつらいらしいのですが）を言われたとおりにするという態度が目立ちました。ある問題が起きて、小学校二年の時に私のクリニックに相談に見えたのですが、同席で面接すると、子どもは母親の顔色をうかがっていることが多いのです。それでも、母親が納得のいかないような表情をしていると、突然に立ち上がって、診察室を歩き回るような子でした。それをまた、母親はひどく不満な表情で叱りつけました。「この子は何かをさせようとするとぐずって、やろうとしないのです」というのが、お母さんの悩みでした。このお母さんは、自分がやるべきことを何とかしてやろうと必死でした。しかし、子どもの気持ちを慮《おもんばか》るところがやや希薄でした。そのためか、子どもとの関わりには、不満が溢れているようでした。母親側の思惑やプラン通りにするというよりも、子どものペースをより大切にするという態度が必要かと思います。子どもに不満を感じやすいお母さんは、この点を考え直してほしいと思います。

4　子どもをよく見ること、子どもの欲求に応えること、そして完璧に応えようと思わないこと

乳児期は、子どもはひたすら無力で親に生きるためのすべてを委ねています。この時期は、母親は、極力、子どもに専念し、子どもの求めるものを感じ取り、子どもが発するさまざまなサインを受けとめられる感覚を育ててほしいと思います。子どもの内的状態を敏感に読み取

り、それに基づいて的確に応答することを「敏感性」（「応答性」とも呼ぶ）と呼びますが（先ほどの「敏感期」とは別です）、この敏感性が大切なのです。つまり、子どもが自発的に発してくるシグナルを感じ取って応ずるという態度です。そして、それと並行して、子どもが何も求めてこない時や、自分の世界に浸っている時には、あえて、子どもの世界に踏み込まないで、見守るという「侵害的でない」態度も必要です。**乳幼児の育児では、特にこの「敏感性」と「侵害的でない」ことが大切なようです。**

繰り返しますが、「敏感性」とは、母親が、子どもからの要求や投げかけてくるサインに敏感に反応し、子どもの世話を、その感じたことに沿って、できる範囲でしてあげることです。「この子は、今、何を求めているのだろう。この子はいま、何を嫌がっているのだろう」といつも考えてあげてほしいのです。特に、先ほど述べた、子どもが何らかの「敏感期」にいるようであれば、その子が何かにこだわるようであれば、そのことについても思いを巡らしてほしいのです。

それでも、何か不安や不満を感じたら、「自分は今、この子が、どうあってくれることを期待しているのだろう」ということを考えてほしいのです。すると、勝手にいろいろ期待していたり、思い込みで不安を抱いていたり、時に無理強いしていたりすることにも気付くことがあるでしょう。これは侵害的な働きかけです。特に、コントロールしたい母や不安の強い母、思い込みの強い母はそういうことになりがちです。**自分の気持ちに精一杯になると子どもが見え**

なくなります。

ひたすら、子どもと過ごし、子どもの投げかけてくるサインに気付いてあげ、応えてあげる。それを喜びをもってできれば最高ですね。そして、何より、子どもを喜ばせてあげることに専念して子育てをすると、子どもが喜んでくれた時は、母親は無上の喜びを抱き、喜びの共鳴現象が生ずると思います。素晴らしいですね。そういう意味で、この時期は、過保護でよいと思います。[13] つまり、子どもの求めてくるものにすべて応えてあげようと思えばよいのです。特に乳幼児に対しては、このような態度が大切になります。

現実には、母親は子どもからのサインを見逃しますし、サインを読み違えることもあります。だから、完璧な世話などということはありえません。それなりに気をつかってあげて、それなりに気付いて対応することで、ほとんどうまくいくのです。ある臨床家は、母親が、時々、子どもの欲求を読み違えたり、外すことが必要だとすら言っています。完璧に応えてしまうと、子どもは母親との境界が感じられなくなって、かえって、子どもの発達を妨げるというのです。ですから、時々、外すのは必要なんだと思えばよいのです。ほぼ、子どもの求めに応えていればよいのです。

繰り返しますが、まず、子どもをよく見てあげてください。そして、この子は、今、何を求めているのかな、何を嫌がっているのかな、何かに夢中になっているのかな、今はそっとしてやったほうが快い状態なのかな、などを感じ取ってほしいのです。そういう視点で子どもを見ていれば、子どもの求めるもの、子どもが求めてもいないもの、子どもが嫌がるものが、ある程度わかるようになると思います。ある程度でよいのです。このような態度は、子どもが成長してからも必要な態度でもあります。

完璧主義のお母さんや、コントロール好きなお母さんは、子どもの求めるものよりも、自分が求める子どもの状態を求めすぎるので（時間通りにおっぱいを飲むなど）、かえって子どもの求めるものを読み違いやすいのです。また、不安の強いお母さんは、やってもやっても、これで大丈夫なのか、間違いをしていないかなどと、不安ばかりに支配されやすいので、子どもの求めてもいないことを先取りしたり、子どもの気持ちがそこにないものまで提供しすぎる傾向があります。このような状態では、不安な中で関わるので、育児が楽しくできず、不安だらけの関わりになりかねません。そして、やはり、侵害的にもなりやすいのです。第二章でみるようなさまざまな問題が起きます。

イギリスの小児精神科医のウィニコットは良いことを言っています。母親は完璧でなくともよい、「good enough mother」でよいと言っています。まあ「ほぼ良い母親」と訳せばよいと思います。それで十分、子どもは健康に育つと言っています。

家庭あるいは母親は、明るい気持ちで余裕をもって育てるのが良いと思います。きちんと育てよう、間違いなく育てようとどうしても思うものですが、子どもは生き物であって、思うようにあるいは予定通りに育っていくものではなく、その子のペースがあります。ですから、育児書の通りにはいかないのです。子どもの様子を見ながら、子どもの状態に即して、できる範囲のことをすれば、健康に育つようにできているということをしっかりと自覚すべきです。繰り返しますが、子どもは脆くもあるのですが結構強いものです。

授乳にしてもあまりに時間通りにするというより、ある程度の枠組みの中で子どもの様子から、柔軟に修正しながらした方が良いでしょう。そうすると自ずと子どもの様子をよく観察するようになるからです。とにかく、機械的に時間通りというのは、親の自己満足にすぎないのです。子どもは一人ひとり違います、その子の特性やその子のペースというものを感じ取ってほしいものです。母親の基本的な気持ちとしては、子どもが育っていくのを手助けさせてもらっているというような態度が最も良いように思います。生まれてきてくれたことを感謝しながらの養育が最も良いように思います。

成長の遅れなども特殊な病的なものを除けば、平均値からのずれに過ぎないので、気にすることはないのです。ほとんどは、どこかで追いついていきます。平均値は標準値ではないのです。もちろん、平均値からのずれが大きいようであれば、専門家に相談されることは必要ですが、それで問題がないと言われるようであれば、ゆっくり待つ姿勢が必要だと思います。

乳幼児は、特に子どもが主役であるべきで、親は、子どもからのサインに沿って、必要なケアーをしていくべき時期なのです。そして、親にとっても、何より幸せな時期なのです。それはほんの束の間の時期でもあります。それを知っておいてください。

5　教えること、躾けること

子どもへの敏感な態度や侵害しない態度は、少し成長した幼児にも大切な態度ですが、ある程度育ってくると、離乳をはじめ、食器の使い方や、トイレットトレーニングなど、教えなくてはならないことが始まります。このような躾につながるような、子どもをある方向性にトレーニングしていくときは、焦らないことが大切かと思います。子どもには子どものペースがあります。タイミングが早すぎると苦労して教えても、身につかないものです。逆に、なかなか、うまくいかなかったことが、ある時期になると、すんなりとうまくできてしまうことも少なくありません。そのような子どものペース、教えるタイミングを大切にしてほしいのです。

例えば、**トイレットトレーニングですが、いまのところ、何ができればオムツが取れるというような確かな規則性は見出されていません。**[5] 一歳半くらいでできてしまう子もいれば、四歳を超えても、できない子もいます。遅い子の場合、親は焦りがちですが、親のできることは、子どもの様子や仕草から催していることを察知して、トイレに連れて行って用をさせたり「おしっこ?」「うんち?」などと訊いてみて、徐々に子どもが自発的な尿意などを他者に伝えるように導いていくことです。何より焦らないことが大切です。

子どもは真似する天才ですので、それを利用する方法もあります。独り歩きもそうなのですが、子どもは保育園などで、他の子どもがすでにできているのを見ると真似て、歩けるようになる子がいます。あるビデオで見たのですが、独り歩きをいろいろさせてもできなかった子どもに、独り歩きのできる同じぐらいの年齢の子と一日一緒に遊ばせたところ、その日は、じっと見ていただけなのですが、次の日に、自発的に独り歩きを始めたという記録でした。これほどに同年輩の子の動きからは学習する力が備わっているようです。トイレットトレーニングも他のお子さんのできている姿を見せることも一つの方法です。子どもは、同年輩の子ができることはびっくりするほど吸収します。とにかく焦らず、できれば、ユーモアを交えて楽しく関わってあげてほしいものです。

幼児期から学童期はどうしても、このようなトイレットトレーニングをはじめ、ある程度の躾が必要な時期です。**躾は厳しすぎても緩すぎてもダメなものです。そして、慌ててもいけないし、親に粘り強さが必要になります。**

また、親がある程度の枠組みのある生活態度でいることが大切です。食器が汚れたまま何日もそのままにしてあるような家では、躾はうまくいきません。就寝時間や、食事の時間、洗面、入浴、片付け・掃除などを完璧でなくともよいから、ある程度の枠組みでしっかりなされていることが大切です。子どもは親の態度から多くを学びます。

また、躾には適切な時期があります。離乳食、トイレットトレーニング、スプーンや箸の使い方、洋服の着脱、そして片付けなど、すべて、子どもの準備状態をよく見てすることが大切です。やはり慌てないことが大切です。平均よりも遅れる子は少なくありません。**ゆっくり、**

慌てず、そして、できなくてもイライラせずにゆったりとした気持ちをもって、しかし、粘り強く繰り返し教えることが必要です。失敗などを叱り続けると自信の無い子に育ってしまいます。うまくできた時は、心から褒めてあげましょう。自信のある子に育ちます。例えば、オネショのような何かを失敗したり、物を壊すような粗相をしたときは「今回は、残念だったね。次に頑張ろうね」と言うとともに、時には、解決策を相談するし（就寝直前は水分を取らないなど）、何らかのアイディアを次回にはトライすることも大切です。子どもは自分でも工夫して、問題を解決できるととても自信を抱くようになります。坂本龍馬は一〇代半ばまでオネショをしていたと言われていますが、大人で、特別な病気ではない限り、オネショをし続けている人はいません。つまり、いずれは無くなるのです。慌てる必要はありません。

子どもが新しいことを身につけていくときは下手なのは当然ですし、時間もかかります。そういうものです。ですから、子どもが、例えば、一人で靴下を履こうと頑張っていたら、ゆっくりと時間を与えましょう。アドバイスするのは構いませんが、慌てて親が手を出してはいけません。

そして、躾けるものについては、親が一貫した態度が必要です。親が何を大切にしようとしているかを子どもはよく見ているものです。箸の持ち方などは、親によっては厳しく教える方もいるし、案外緩やかな方もおられます。このような範囲は親が自分の方針を決めて一貫して躾ける、あるいは教えていくとよいでしょう。

もちろん、危険なこと、家族に多大な迷惑をかけること、イラついて破壊的な行動に出ることについては、厳しく躾けることが大切です。いい加減にしてはいけません。この点も一貫していることが大切です。ただ、何故、そういう行動に出たのかを考えてあげてほしいのです。何か、本人なりに切ない理由があるようであれば、その点については、何らかの働きかけが必要になることもあるでしょう。

時に、子どもはわざと失敗して、親の反応を見ることもあります。これは、親を試しているのです。どこまで親は自分を大事にしてくれているのか、失敗とどちらが重要なのかを本能的に試しているような気がします。そういう時は、ヒステリックにならず、「こら、わざとやったな、いけない子だ。こういうことはダメだよ」と優しく言えば、子どもはわかるものです。こういうやり取りを親が楽しんでくれれば、なお、素晴らしいですね。

急ぐ、無理やり完璧にさせる、イライラしながらやらせるなどの態度では、かえって躾がうまくいかないことが多いのです。慌てず、子どものペースを大切に、そして、粘り強く、しかし、一定の節度は大切にするという態度が良いかと思います。そして、失敗したときに責めないことです。最悪は、「お前はダメな子だねー」というように本人を否定するような言葉です。あるいは、「こんな子で、お母さんは悲しいよ」という言い方も子どもの自信を失わせるだけです。子どもは親を喜ばせたいものです。そして喜ばせられない自分はダメな子だと思いがちです。「今回は、残念だったね、次に頑張ろう」でいいのですが、二人でどうしたら、うまくできるかを相談するのもよいでしょう。そして、何より、慌てず、粘り強く、練習させることが必要です。

6　響き合いのすばらしさ

これまで述べたように、子どもからのサインに敏感であり、子どもの世界に侵害的でなく、そして躾はゆったりした態度で、できたらユーモアを交えて行われるのが良いでしょう。実は、このような態度と同じほど大切なのが、親子の響き合いです。

子どもはある時期になると、母親に微笑みかけたりするようになります。手をゆすって、一緒に揺らしたそうにすることもあります。このような場合は、子どもは母親と響き合いたいようなのです。笑いかけたら笑いかけてもらう、何か声を出したら、それに木魂《こだま》してもらう。そのような響き合いをとても楽しむものです。そういう響き合いを大いに母親も楽しんであげてほしいのです。精神分析家のコフートという学者は、子どもが、何かうまくできて自慢げにしたときには、「素敵ねー」「頑張ったねー」などと、その気持ちに響いてあげる（mirroring）ことが大切だと言っています。そうすると子どもの自己評価の核が強化されて自然な自信・自己評価が育つことにつながると言っています。

また、「あなたの感じていることをお母さんも感じているよ」ということを母親が情緒を伴って行動で応えることを**「情動調律」**と言います。例えば、子どもが体を楽しそうに前後にリズミカルに動かしていたら、母親がそれに合ったリズムで床をたたいたり、歌を歌ってあげて響き合いを楽しむことを言います。この響き合いには、響き合う声や体の動きや、リズムや持続時間などが子どもの動きと一致していることが大切だと言われています。響き合えた時の楽しさはどれほどのものでしょうか。母親は、子どもにとっては世界そのものです。その世界にも相当する存在が、自分の情緒のリズムと共に響いてくれている。そのようなときに人は、他者との共感や響き合いの素晴らしさを体験するでしょうし、もしかしたら、音楽などの芸術の起源は、このような響き合いがもとになっているかもしれません。サッカーなどの応援団が揃って歌ったり体を動かして盛り上がるのは、この情動調律がベースにあるのかもしれません。とても楽しい体験です。

このような情動調律の動きは生後五～六か月をピークに見られます。そして一歳半ごろにはかなり少なくなるようです。この時期を大切にしましょう。乳幼児にとって、自分の情動を母親に共有してもらう体験は、深い共感体験の礎になると思います。

7　乳幼児は好奇心にあふれている

乳児は、聴覚はもちろんのこと、視覚もかなり発達していることがわかってきました。それゆえ、見たいものを見る、複雑で新奇なものを見るという好奇心に溢れていることを知っておいた方が良いでしょう。また、とりわけ人の声には特別の関心を示し、そのうえ、自分の興味に応えてくれる人が大好きなようです。電車の中などで、中年の女性が母親に抱かれた隣に座った子どもに、いろいろと話しかける姿をよく見ますが、あのような行為も子どもには、楽しいもののようです。

とにかく、まだお座りもできず寝ているだけの赤ちゃんでも、複雑なもの、珍しいもの、人間的なものを積極的に探して見つめることがわかっています。赤ちゃんは自発的に、新奇で複雑な情報を取り込んでいるのです。つまり、赤ちゃんは、自分の使える器官を精一杯使って、外の世界を探索し刺激を求める好奇心を持っていることを親は知っておくべきです。親は、大いに子どもの好奇心に応えてあげることが大切でしょう。興味を持ったものを触らせてあげたり、心ゆくまで嘗め回したり、見続けたりさせてあげてほしいと思います。

また、一〜二歳の子どもは動き回れるようになり、外界に強い好奇心を抱くと、自分で取りに行きますし、そして、触ったり、たたいたり、いろいろと試してみることが多くなります。何でも触りたがるし、すぐ物を口に入れたがりもします。そのため、事故の起きやすいときでもあります。事故に関しては、極力、親が予防する必要があります。この点については、より徹底したほうが良いでしょう。私の次男は二歳の折に、部屋で走って転び、タンスの角に額をぶつけ、かなり深く傷を負ったことがあります。家具などの角は鋭角でないようにしておきたいものです。そのほか、電池などの危険物の取扱いなども気を付けるべきです。**危険物に関しては、この程度でよいかというより、完璧さを目指してほしいと思います。**

このように、危険物を極力なくしてから、子どもが好奇心を抱きそうなものを多すぎない程度にそばに与えておくことが大切です。意外なものに興味を持つことも多いのですが、それも大切なことです。そして、子どもが好奇心を抱いたら、それをとことんやらせてあげる、遊びきらせるように心がけることも大切かと思います。

8　遊び・何かに集中する、何かを達成する力が育つとき——幼児期から学童期へ

この幼児期から学童期にかけては、社会性を学ぶことと同時に、遊びを通じて何かを達成する力を育てる時でもあります。外界の何ものかに働きかけて何かを完成する。あるいは、自分の目的に沿った何ものかを作り出す力を育てる時です。しかも、この時期は、すでに述べたように、最も好奇心も高く、しかも学習能力も高い時なのです。学童期に興味を持ったものがその人の生涯を決めるものになることも少なくありません。スポーツで活躍する多くの選手は、学童期には、その種目を猛烈に練習していた子ばかりです。ピカソも、この年齢の時期に絵描きであった父親に手ほどきを受け、猛烈に学んでいます。アップルの創立者であるスティーブ・ジョブズ氏は、養父に育てられましたが、とても大切に育てられただけではなく、養父が車の修理・販売の仕事をしていたため、子どものころから、車の分解・修理やデザインなどの理論を事細かに教えてもらったようです。それ以外にも、戸棚や柵などをしっかり作るにはどうすればよいかなどの心得を教えてもらったようです。このような環境が彼ののちのメカニッ

クに対する創意工夫の能力を育てた可能性が高いと思います[40]。

「子どもが自発的に熱中する活動は、子どもが育つことそのものなのです」と発達心理学者の柏木惠子氏は言っています[7]。また、児童心理学者のシャーロット・ビューラーは、子どもが自分にできるようになった力を用いることに喜びを見出し、その力によってさまざまなことを発見し、育つことの重要性を指摘しました。彼女はこれを**「機能の喜び」**と名付けました。また、ユネスコの就学前教育プロジェクト（二〇〇七年）の報告では、子どもが四歳のときに、その子の興味や関心に沿って自発的な活動をする保育（自由遊び中心）を受けた子どもは、読み書きや計算能力を高めることを狙いとした保育を受けた子どもよりも、七歳時での読み書き能力が高かったという結果が出ています。いかに自由遊びが子どもの能力を育てるかがわかります。

ですから、この時期、親は、子どもが好奇心をもって遊ぶものを豊富に提供すべきかと思いますし、時には、子どもが十分に遊ぶために、親が少し手伝ったほうが良いこともあります。例えば、電車に興味があれば、一緒に乗りに行くなど、子どもは一人ではまだ電車に乗れませんから。

「遊びには旬がある」という言葉は私も好きです。そして、遊ばせるときは思いっきり遊ばせることが大切でしょう。ですから、子どもが遊んでいたり、何かを作っていたり、描いていたりするときは、そのことに熱中していることを邪魔しないようにしましょう[3]。そして積極的に褒めてほしいものです。そして一つ一つの小さな達成が大切であることを親は自覚しているべきです。あまりに最終的な目標ばかりに気がとられているとそれが怠りがちになります。完成しなかったり、間違えたりすることに神経質にならないことです。目の前の小さな達成の積み重ねが大切であり、それが達成されるごとに子どもとともに喜ぶような育て方をしてほしいと思います。

子どもと一緒に作業するときは（料理をする、模型などを作るなど）、ゆったりと待ってあげること。本人のペースでさせてあげることが大切です。全体に子どものテンポより、少し親のテンポが遅い方が望ましいと思います。

次のような母親の体験が『お母さんの「敏感期」』[12]に述べられています。少し長くなりますが、引用したいと思います。とても素晴らしい光景です。

子どもさんが蝶結びに興味を持ちましたが、まだできないときのことです。子どもが「ママ、やってみて」というので、母親は結び方を見せました。以下は引用です。

「私は、『見ててね』といって、精一杯、動作を分析し、順序を追って、ゆっくり、そして、心で声にならない声援を送りつつ、蝶結びをしてみせました。隣に座る子どもの私の指先を見る目つきが、だんだん変わっていくのが私の肌に感じられました。そのころから、蝶結びが少しずつ形になっていきました。彼の右手の指も左手の指もそして頭脳も、蝶結びそのこと一つに、ただひたすら集中しているのがわかりました。小さなからだが、あまりに真剣で、思わず抱きしめたくなるほど一生懸命でした。そのとき子どもからいいようのないエネルギーが発散するのを感じました。（一部略）私はこのとき、今まで全く気づかなかった子どもの様子に打ちふるえ、また、幸せを感じました。以前の私ならば、蝶結びができるようになったその結果のみに着眼して喜び、ほめ、心ひそかに得意になっていただろうと思います。しかし、今の私は全身全霊をかける子どもの姿に生命の存在と躍動を見て、息を飲む思いでした。きれいな蝶結びができたときの彼の喜びようは、なんと表現したらよいのでしょう。ただ、『やった！』とか、『できた！』とか、『嬉しい！』とかいうものではなく、子どもにもこのような深い感情があったのかと驚くような、じつに重みのある心の底からの喜びと自信に満ちあふれた満足気な表情でした。（一部略）子どもが私の所有物でないのはもちろんのこと、お説教やしつけで無理矢理によい子にしようとすることなどできない一個の尊い人格をもった人間として成長しているのを見ました」

素晴らしいお母さんの敏感さと感性ですね。私も感動して読みました。子どもが遊んでいる時でさえ、真剣な姿は何か底知れないエネルギーを感じさせると私も感じていました。何かを達成したり、身につけた時の喜びもかくありなんという気持ちになります。

以上で、子どもがそれなりに健康に育っていく条件は十分に揃っています。あまり難しく考えすぎないほうが良いでしょう。でも可能であれば、育児不安のところでも述べましたが、孤立した育児は、どうしても不安を喚起しますし、子どものサインを見逃すことも多くなりがちです。夫や祖父母に相談したり、手伝ってもらうことも大切でしょう。すでに述べたように、私のクリニックには、さすがに乳児の相談は少ないのですが、幼児期や学童期の子どもさんへの対応について、相談に見える方も少なくありません。相談されていくだけで、親は明るくなっていかれますし、まして、ご両親揃ってこられると、その場で夫婦会議のようになって、ますますお母さんは心強くなられることが多いように感じています。

C より明るく元気な子に育てるための望ましい養育条件

——幼児期から学童期にかけて

これまでは、乳幼児を健康に育てるだけの必要条件あるいは基本条件を述べてきました。多くの家庭では、理想的とは言えないまでも、それなりに、ここで述べたような態度や関わりで育てているから、それなりに健康な子どもが育っていると考えられます。しかし、親であれば、より元気でより活発な子に育ってほしいと思っているのではないでしょうか。ここでは、幼児期から学童期にかけて、より健康で元気で明るいお子さんを育てるための望ましい条件について述べたいと思います。

幼児期から学童期にかけては、子どもが一人の独立した子どもとなります。そして、この時期に大切なことは、まず、自分で何かに熱心に関わり、何かを達成したり、うまくいかないことにめげない子に育てることです。次に豊かな社会性を育てることです。その豊かな社会性の中には、多様性や柔軟性も含まれると思います。そして今一つは自然の中での活動を通じて、自然の厳しさや、何も道具やシステムが揃っていないところでのサバイバル的な力が育つことが望ましいと思います。この時期は、すでに述べたように、最も学習能力が高く好奇心も高い時なのです。自然は子どもの好奇心を刺激するものに溢れています。そういう時期をどのように養育するかで、子どもの能力ばかりでなく、基本的なライフスタイルが決まるのではないかとさえ思っています（この幼児期から学童期にライフスタイルが決まるという研究もあります。大体、七歳ごろまでに決まるのではないかとも言われています。私もこの考えには賛成です。思春期というのは、学童期までに身につけてきた自分の生き方に疑問をもっていろいろと悩み混乱する時期とも言えるのです。思春期に生き方が決まるのではありません）。

ポジティブな子、集中力・持久力のある子、頑張れる子、人にやさしい子、共感能力のある子など、このような性質はこのころに育つと考えています。ですから、何度も言いますが、子どもの養育にとっては、この幼児期から学童期がとても大切な時期なのです。養育上、より望ましい条件について以下に述べていきます。

1　好奇心を刺激し、夢中になるものを見つけ、育てること

エリクソンも学童期に勤勉性を身につけることが大切だと言っています。つまり何かに集中できる時なのです。勤勉性は、この時期にしか身につかないのかもしれません。

まず、何かに集中し、頑張って何ものかを達成する力を育てる時です。三歳から六歳ごろまでは、ほぼ親の提供したものの中から興味を惹かれ、好奇心を抱くものを見つけます。初めは、強い好奇心でなくとも、いろいろと、とにかくやらせて、試させてあげてください。この時期は運動においても各種の感覚においても、あるいはお手伝いにおいても「敏感期」にあることが多いのです。最も好奇心を抱きやすい時期なのです。一番、望ましいのは、親や家族が何らかのスポーツが好きで、それをしているところで、子どもを遊ばせてあげることです。後に述べる杉山愛さんのお宅や、福原愛さんのお宅もそういう状況でした。そして好奇心を示したら、好きなだけやらせてあげてほしいのです。運動であれ、楽器であれ、何かを作ることであれ、やるとやるだけ進歩します。これは子どもにとって何よりの喜びになります。その一方で、うまくいかないことも学びます。泣いても、できないことはできないのです。卓球やテニスの球は、子どもの望み通りには動いてくれません。うまくいかなければ、自分で、あるいは親と一緒に工夫し努力するしかないのです。思うようにはうまくいかないことが多いということも学ばせてほしいのです。もちろん努力してそれをマスターすれば自信につながります。マ

スターできないときは、何らかの諦めとともに、別の工夫をするということを身につけます。このような知恵は一生の宝となります。

することは何でもよいのです。スポーツ、音楽などのアーティスティックなもの、生き物を育てたり、機械をいじったりすることなどなどです。つまり外界の何ものかを思うように操りたくなる時期なのです。

例えば、うちの長男は、四歳ごろから、何故か電車に興味を持ちました。特に東京の地下鉄線が好きでした。ですから、機会があるごとに一緒に乗りに行きました。乗っている時は本当に喜々としていました。ある日は、すべての地下鉄線に乗ったこともあります。また、プラレールが好きで、部屋中にセットして走らせているときは、心からうれしそうでした。ですから、一緒にプラレールを買いにも行きました。そのせいでしょうか、いつの間にか、時刻表を読めるようになり、全国の電車網を知り尽くしてしまいました。必然的に漢字なども覚えていきました。私が「札幌から鹿児島までどう行きますか？」と質問すると、「どこどこまで何線で行き、どこどこで何線に乗り換え、どこどこで……」とすらすらと答えられるようになりました。ローカル線でも答えられるのです。とても自慢そうでした。小学校低学年になると、電車でのお出かけは彼がプランを立ててくれました。ものすごい好奇心でした。しかし、何故か電車のプラモデルを作ることには興味を示しませんでした。何かが違うのでしょうね。テレビで見る「さかなクン」もそうだったかもしれませんが「何々博士」とアダナされる子が学童期の子どもにいます。男の子に多いようですが、皆、驚くほどに好奇心を抱き、自分で調べて身につけていくようです。そして、子どもが釣りに好奇心が湧けば、いろいろと釣りの道具などを与えたりするのは親の役目ですし、サーフィンなどに興味を抱けば、海に連れて行き、危険のないように遊ばせることが親の仕事になります。何故か、多くの子は、小学校高学年になると、このような好奇心を抱いたものに興味を失っていきます。その意味は未だにわかっていませんが、その一方で、一部の子どもにとっては、生涯の競技種目になるかもしれませんし、何よりの趣味になるかもしれません。とにかく、ある意味で人生でも幸せの絶頂にいられる期間の一つのような気がします。十分に味わわせてあげたいと思いますね。

2　家庭の中では、豊かなコミュニケーションがあることが望ましい

すでに述べた情動調律的なやり取りを、心して豊かにできたらよいかと思います。子どもが何か体でリズムを刻んでいたら、それに同調して二人で楽しめたら素晴らしいですね。もちろん子どもが一人で自分の世界に浸っている時は邪魔してはいけません。また、これはテレビで見たのですが、乳児に対して、オイルマッサージを教えている教室を紹介していました。母親は子どもにいろいろと話しかけながら、オイルマッサージで子どもの体の隅々まで手で優しく触れて、体を通じてコミュニケーションをしている様子でした。子どもも気持ちよさそうに嬉しそうに、マッサージをしてくれる母親を見つめて微笑んでいました。これは素敵だなと思い

ました。

幼児期以降になれば、母子家庭でも、いや、母子家庭であればこそ、家の中では、子どもとだけのコミュニケーションになりますから、豊富なコミュニケーションがあったほうが良いと思います。ましてや、夫がいたり他の同胞や祖父母などがいたら、食事の時はもちろん、雑談しながら過ごすようなことが大切な時間となります。また何か問題が起きたら、皆で相談しながら解決することなどが家の方針になっていれば、なお素晴らしいことです。例えば、電球が切れたら、「どうしようか、誰が直せるかな」などと話し合って問題を解決する姿を見せることが大切です。子どもが学童期になっていれば、「僕が何とかする」と言ってくれれば、トライさせることが大切でしょう。やり遂げれば、褒めてあげればいいし、できなかったら手伝ってあげるとよいでしょう。そのような関係性が望ましいでしょう。

夫と家事も含めて、いろいろと協力する姿や相談する姿を子どもに見せられるとよいでしょう。協力関係も一つのコミュニケーションのあり方です。夫婦、親子誰であってもコミュニケーションが豊かであることが大切です。少子化であればあるほど、親の協力関係を子どもに見せること、家族全員に豊かなコミュニケーションがあることがとても大切になります。何度も言いますが、母子家庭でも豊かなコミュニケーションは可能ですし、一層、大切になります。

どこかに出かける時なども、皆で相談して、皆の意見を言い合うことが大切です。そして、いろいろな行事に沿って、家族全員で何かに共同参加することが望ましいでしょう。やはり、それは母子家庭で参加者が二人だけでも大切なのです。二人で相談し、楽しいコミュニケーションのもとに何をするかを決めるプロセスそのものが大切なのです。例えば、誕生会も二人だけでも楽しいものにできるはずです。プレゼントを二人で相談して買い物に行き、それを楽しむ。ケーキも子どもの好みに沿って買ってきたり、できれば、一緒に作ったりすれば、なおのこと素晴らしいでしょう。ですから、家の記念日はなるべく、きちんと皆で祝うようにすることが望ましいでしょう。それは親子二人であっても豊かなコミュニケーションや協力関係をさまざまに体験することができる機会だからです。

少し長じたら、一緒にスポーツを楽しんだり、キャンプなどを楽しむようなことができればより素晴らしいでしょう。後述するテニスの杉山愛さんの家では、このような体験に溢れていたようです。ピアニストの辻井伸行さんの家庭でも、息子が盲目ということで活動を制限することもなく、さまざまな活動に参加させているし、他の家族とともにスキーなども楽しんでいます。また、プロゴルファーの石川遼選手、プロテニスプレーヤーの錦織圭選手、プロゴルファーの宮里藍選手の家庭では、それぞれのスポーツを家族皆ですることが、何よりも家族団らんのひとときになっていたと言われています。素晴らしいことですね(18)。

また、食事の時間も大切にしましょう。幼児期はもちろん、習い事のために皆が揃わなくなる時期までは揃って食べるべきです。習い事が始まって毎日は揃わなくなっても、週に何日かは揃うような努力はすべきです。いろいろ会話しながら、おいしいものを食べる時間は素晴らしいものです。そして、食事中は豊かなコミュニケーションが生まれるような雰囲気で食べられることが望ましいのです。テレビばかり見ているような食事は望ましくないし、ましてゲームをしながらとか、漫画を読みながらとか、長じてはスマホを見ながらの食事は許さないほうが良いと思います。

健康な家庭には、豊かな会話が溢れ、協力関係に溢れ、明るく楽しそうな雰囲気に溢れていることが共通しています。とにかく、少子化・少数家族化で家庭に欠けてしまいがちなのが豊かで多様な対人関係です。そして、それはコミュニケーションや協力関係など、社会性と言われるものが貧しくなりがちだということです。現代の育児の大きなテーマだと思います。工夫してみましょう。

3　子どもたちと遊ぶこと

社会性を育てるという意味では、家族間だけではなく外遊びが大切になります。公園デビューも含めて、他の子どもたちと遊ぶ機会を持たせることが望ましいでしょう。ただ、近くに公園がなかったり、子どもさんが集まるような場所がないことも少なくありません。私も長男を連れて近くの公園によく出かけたのですが、どこの公園もほとんど子どもが遊んでいなかったので、どうしようかと途方に暮れたことがあります。当時は、渋谷の街中に住んでいたためでもあったと思いますが、やはり、身近に、子どもたちが集まって遊んでいる公園がないことも少なくありません。そういう時代でもあります。

今はいろいろな施設があります。例えば、「武蔵野市立0123施設」という施設は、三歳までの子どもたちにいろいろなプログラムを提供する施設です。ここでは、スタッフは子どもたちにあえて教えることをしません。子どもたちが自発的に始めたり熱中したりしている遊びや活動を、側面から見守る姿勢に徹するそうです。このような環境に置かれると子どもは戸惑うかと思いきや、どの子も自分から遊具を選び、遊びを工夫して熱中した時間を過ごすとのことです。そして、すべての年齢の子が一緒に遊ぶ時間もある（これは多様性のあるコミュニケーションを育てるには大切なことです）と聞いています。このように、さまざまな優れた遊び環境もあります。ですから、近くに自然発生的な子どもの良いコミュニティーがなければ、このようなさまざまな施設を試されることをお勧めします。**現代は、自然発生的な子ども集団はできにくいのです。子ども同士の触れ合いは、このような既存の施設を利用する時代になったのです。**そして、そういう施設が昔よりもはるかに増えています。大いに利用すべきだと思います。

また、いろいろな習い事も、他の子どもと触れ合いますから、社会性を育てる良い機会でもあります。しかし、何かを習わせることを主眼として練習に終始するような教室ですと、少なくとも社会性にはプラスにならないでしょう。私自身、現在、スイミングに行っているのですが、ある時間帯はキッズスクールの時間であり、三〜四歳前後の子どものスイミング教室が行われているのを見ながら泳いでいます。よく見ると、タイルで滑ってしまうといけないというので、一列に並んで、両手を前の子の肩をつかみながら歩いて入場してきますし、練習中もほとんど、子ども同士での交流はない様子でした。子どもたちは黙々と、言われたままに歩き、集団でトイレに行き、言われたままに泳ぎ、そして、母親の待つ控室に帰るようです。子ども同士の触れ合いという意味では、何かが欠けているなと思いました。ですから、場所によっては、お稽古ごとは、子どもの社会性を育てる力にはならないことも多いのかもしれません。

4　自然の中での外遊びの大切さ

すでに述べたように遊びはとても大切です。そして、遊びの持つ子どもを育てる要素は外遊びに豊富に含まれています。ですから、ハイキングやキャンプなど外遊びの機会をなるべく多く与えたいものです。他の家族などと一緒なら、なおのこと素晴らしい。親が釣りが好きだとか、サーフィンが好きだとか、山登りが好きなどという趣味があれば、子どももできるように工夫して、参加させることが望ましいでしょう。

外遊びの素晴らしさは、自然に向かい合うことです。自然は、こちらに合わせてくれません。釣りにしても、場所選びから、道具の設定などの工夫をしなければ釣れません。サーフィンでも、波はこちらに合わせてくれません。ですから、きつい波に出会うときは必死になるのです。一〇〇パーセント全力で波に向かうことになります。少し油断をすれば吹っ飛ばされますし、ケガもしかねないのです。そして、恐怖感を感ずることもあります。でもそれを乗り越えられるととても自信につながります。私も、しばらくウィンドサーフィンにのめり込みました。風が強いときには、何度も吹き飛ばされました。それが海と戯れているような気持ちになって快かったのを覚えています。また、セッティングが甘くて、セイルがコントロールできなくなり、風で沖まで流され、もう少し風の強い日であれば死んでいたと思います。それ以来、セッティングは慎重になりました。油断は命に直結するのを身に沁みて覚えました。危機的状況から、人は身に沁みた学習をするようです。

またキャンプなどでは遊び道具もないので、子どもたちが自分で工夫しなくてはならないことも多くあります。ここにさまざまな創意工夫の能力が刺激されます。そして、同年輩の仲間といろいろと創意工夫しながら、自然の中で遊ぶことは、何とも言えない仲間意識を子どもに与えるものです。

それでも、キャンプなどに行かせる余裕がないと感じる親御さんも多いのではないでしょうか。そういう場合は、やはり、外遊びを提供するいろいろな組織を利用されることをお勧めします。例えば、「花まる学習会」という会は野外体験活動をしています。代表の高濱正伸氏は、野外活動で大きく成長する子どもの姿をいろいろな著書で述べておられますから、参考にされるとよいでしょう。(23)(24)

5　そのほかに、養育によい効果のある働きかけ

絶対に必要だというわけではないのですが、できたら、してあげると子どもに良い影響を与えるのではないかという親の関わりがあります。以下に列挙したいと思います。

まず、絵本や本の読み聞かせはとても大切です。国語力、創造力、理解力、文章力などが伸びます。そのうえ、親子二人だけで、ファンタジー溢れる世界を楽しむという本当に幸せな時間を過ごせます。また、親との豊かなコミュニケーションも持てるでしょう。

小学校に入る前には、基本的な読み書き・算数はできるようにしておいたほうが良いでしょう。親が教えられないのなら、例えば、公文のような塾に通わせるのも一つの方法でしょう。同じように幼稚園・保育園に入るには、食事の仕方（食器の使い方）、洋服、靴の着脱ができるようにしておいてあげると子どもは困ることが少ないでしょう。

学童期に、親が教えておいてあげてほしいのは、自転車の乗り方、泳ぎ（教室に行っている子は別ですが）、スキーだと私は思っています。自転車は自分一人では乗れるようになりにくいものです。教えてあげておかないと乗れません。泳ぎも、泳げるようにしておいてあげないと学校での水泳の授業は恐怖になります。スキーも初めてなのと、二度目では、全然、動きの取り方が違います。突然、学校でスキー教室に入ると困る可能性があります。それに、親としても、子どもに自転車、水泳、スキーを教えてあげるときはとても楽しいものです。私の次男

は、初め水に顔をつけられず、海の中に入るのを怖がっていましたが、私と一緒に大きな波にのまれてからは、それが面白かったらしく、自分から潜るようになり、少し教えると泳げるようになっていきました。スキーも初日の初めごろは、動きが取れず、癇癪を起こしたりしていましたが、当日の夕方には、坂を登れるようになり、少しずつ滑ることができるようになり、喜々としていました。翌日には、リフトに乗りたがったので、低い高さのリフトから始めて、どんどん滑れるようになっていきました。そういう姿を見ているのも親としては幸せなものですね。

また、興味を持ったら、お手伝いはさせたほうが良いと思います。すでに述べたようにお手伝いの「敏感期」もあります。男の子ならお風呂掃除や洗車、女の子なら洗濯や料理などを手伝わせることは子どもの自信にもつながるので、やらせた方が良いでしょう。初めはいろいろと親が教えてあげることで、子どもは面白がって学びます。そして、自分一人でできるようになると自信につながりますし、人の役に立つという体験は喜ばしいものです。

大体、ここで述べたような養育態度で育てれば、子どもは少なくとも、それなりに元気に育っていくと思います。そういう子は、思春期にいろいろな新たな悩みに出会っても何とかこなしていけることが多いと思われます。幼児期・学童期に問題を抱えていると、思春期に問題化するし、思春期特有の対人過敏性や、自分を自分なりに見つめる能力が芽生えるから、かえって自己の欠点・弱点を過大視して悩んでしまうものです。ですから、思春期に深い悩みに落ち込まないためにも、これまで述べた学童期までの養育態度は重要になります。

D 養育上の残された問題

養育上、一人親での養育や、父親の養育では不十分ではないかという意見もあります。また、母親は、子どもが小さいころは、働きに出ないほうが良いのではないかという意見もあります。この点について最後に触れたいと思います。

1 一人親の養育は、何かが欠けてしまうのか？

最近は、母子家庭、父子家庭が増えています。親御さんは片親だけの育児は何かが欠けてしまうのではないかと心配されていることでしょう。しかし、あまり心配はいらないようです。例えば、マクファーレインらの研究[17]は、一人親家庭においても、養育においては問題がないことを示しています。彼らは平均年齢一七歳の思春期の子どもを調査しました。そして、両親の揃った家庭と一人親家庭を比較したところ、結論として、一人親家庭で育った若者は、生物学的な両親の揃った家庭で育てられた若者と比べても、さまざまな指標に何らの差がなかったという報告をしています。一人親、両親の揃った家庭で育てられたという差よりも、育児のスタイルが青年たちに大きく影響しているという結論に達したようです。特に思いやりがあり、共感的で、過度の押し付けや、子ども扱いをしない育児スタイルが、最も青年たちの幸せと関連していることがわかったと言います。

この研究の結果からは、一人親だからダメだということはないようです。私も母子家庭・父子家庭（圧倒的に母子家庭の方が多かったのですが）の子どもさんの相談に乗った経験は多いのですが、やはり、親の育児スタイルが改善すると一人親であっても子どもさんが元気になっていくという経験をしており、**良い養育態度の親が一人いれば、子どもは十分に健やかに育っていくものと考えています。**

2　父親は養育能力においては、母親に劣るのか？

養育には、女性の感受性の高さやきめ細かさなどから、父親より母親のほうが向いていると何となく思われているのではないでしょうか。有名なマイケル・ラムの古典的な研究があるのですが、それは乳幼児の扱いに対する男女差を調べたものです。結果、やはり、こまごまとした世話にかけては父親は母親にはかなわないという結論が出されました。父親はせいぜい遊び相手になることだという結論も出されました。それが長らく信じられていたのですが、一九九四年になされたレイディンら[17]の研究では反対の結果が出ました。この研究では、三歳と六歳の子どものいる家庭において、主たる養育者が父親の場合と母親の場合とを比較したのです。しかも、四年後と一一年後まで調べるという長期の研究でした。

結論から言えば、母親が養育者である群と比べても、父親たちの子育てが劣っているということを示す指標は何らなかったのです。知能テスト、学校の成績、子どもの性的志向性（異性愛か同性愛か）、子ども自身の性別性の受容度などにも差がなかったという結論に至っています。つまり、お父さんだけで育てても、子どもは母親に育てられるのに負けず劣らず健康に育つという結論が出たのです。ですから、父子家庭の親御さんは心配されることはないかと思います。ただ、私としては、やはり、子どもとの情緒的な響き合いとか、子どもの気持ちへの感受性、肌と肌との触れ合いの深さなどにおいては、女性に男性はかなわないと思っているので、調査の仕方が変われば、微妙な違いが出るかもしれないとは思っています。しかし、レイディンらの研究からは、少なくとも、父親だけに育てられてもほとんどの子は母親に育てられた子ども同様に健康に育つことは確かなようです。

3　母親は子どもが幼いころから働きに出てもよいものなのか？

このテーマについてはさまざまな意見があるでしょう。そのためか、研究も豊富にあり、すべてを紹介することはできませんが、おおむね以下のような結論になっているようです。就学前の子どもにおいても、一定の条件さえ揃えば、母親が、毎日、家を空けたからといって必ずしも害になるものではないということ。ただし、母親のいないときの養育処置にかなり影響を受けることがわかっています。つまり、誰にどのように預けるかは考えなくてはならないということです（祖母に見てもらうのが一番いいようです）。ただし、生後半年以内に母親が働きに出た子どもにおいては、認知と適応の指標において多くの否定的な影響が示されているようです。もし就職が生後一年以降、せめて九か月以降であれば、そのような影響は見られなかったという報告もあります。それゆえ、働きに出るのは九か月以降にすべきだろうと述べられています。

就労時間の長さについては、はっきりしたデータはないのですが、フル勤務になったときなどは、子どもとの失われた時間を埋め合わせる努力をすることが大切だということはわかっています。また、時間そのものというより、育児との関わりが大切だということもわかっています。有能な親たちは、仕事にも育児にも十分に打ち込んでいたそうです。そういう親には、養育に対して「湧き立つ喜び」が伴っていたという報告すらあります。

母親が働きに出ること自体は問題ではないのですが、気を付けるのは、その時期と長さ、そして、誰に預けるか（保育所の質が問われます）、そして、何より、子どもといる時間に心を打ち込めるかどうかにかかっているということでしょう。ただ、専業主婦で、だらだらと子どもと過ごしていればよいわけではなさそうです。

とりあえずの目安としては、母親が仕事に出始めるのは生後九か月以降にし、働きながら、ある程度の余裕をもって子どもと接する時間を持て、しかも、その時間を子どもとの大切な関わりの時間とする。そして、祖母に見てもらうのが一番良いのですが、それが難しいようであれば、養育環境としてより良い保育施設を選ぶことが重要なようです。保育施設などに預けても預けっぱなしにしないで、保母さんともいろいろ話し合い、連絡帳などでも、なるべく詳細にやり取りすることが大切になると思います。働きに出ること自体を罪に感ずる必要はないでしょう。母親が仕事にも生き甲斐を持ち、生き生きとしており、子どもの養育にも心からの喜びとともに、私がすでに述べてきた養育態度で子どもに臨むことができれば、十分な養育が可能だと考えています。

4　お金持ちの子は優秀なのか？　確かに東大生の家庭はお金持ち

一時期、話題になりましたが、東大の学生の家庭が裕福だというのは事実のようです。二〇一四年度の調査では、東大生の家庭の年収は九五〇万円超が五四・八％であり、一般家庭では二二・〇%であるという結果が出ています。東大生に限らず、家庭の年収と子どもの成績の関連も確認されています。あるデータでは、小学校六年、中学校三年の算数・数学の成績が、家庭の年収が高ければ高いほど良い成績であったという報告がなされています[38]。

しかし、これは家にお金があれば、子どもの成績が良くなるということではないのはおわかりかと思います。やはり、子どもへの関わり方が影響していると考えられます。年収と小学生時代のさまざまな体験について調べた結果によれば、英語・文科系の習い事、スポーツの習い事、美術・演芸・映画の鑑賞、趣味の読書などにおいても、すべて、裕福な家庭の子どもの方が、断然、豊富に体験させられています。それだけ、子どもにコミットしているとも言えましょう。このことの方が、成績や入学する大学に影響するのではないかと考えています。**要するに年収は高くなくとも、子どもに豊富な体験を与えることが、子どもの成績を伸ばすことにつながる可能性があるということです。年収の低い方も諦めてはいけません。**

ある欧米の研究でも、貧困による影響がＩＱの数値にも表れる傾向はあるという報告があります。しかし、それは何よりも、親たちが、どのように家庭で振る舞うかが問題であり、貧困のために効果的な学習環境を提供する能力に悪影響を受けていたり、母親が貧困にあえいでいて、うまく子どもへの対処ができないときに、最も子どもたちの心理的な適応が損なわれるという報告がなされているのです。急に貧しくなった家庭でも、子どもへの影響が出るのは、そのために、親たちの子どもたちへの態度が変化し、健やかな養育行動が瓦解した場合であると言われています。やはり、お金そのものではないようです。

本章では健やかな子どもさんを育てるための養育態度について私の考えを述べてきました。ほぼ、ここに述べた内容を参考にして養育に当たっていただければ、それなりに健康な子が育つと思います。また、多くの親御さんは一人あるいは二人の子を大切に育てていると思います。その家庭は母子家庭かもしれませんし、父子家庭かもしれません。それでも、ここで述べた育て方で育てれば、元気で健やかな子が育つと思います。お母さんが働いている人も多いでしょう。それでも、子どもといられる時間を大切にして、良い養育をすれば、元気な子が育っていくでしょう。

E

素晴らしい千住家の子育ての様子

ここで、養育態度として素晴らしいと私が感じた千住家の様子を述べようと思います。素晴らしい養育態度というものがどのようなものかを理解するのに、役立つものと考えます。

日本画家の千住博氏、作曲家の千住明氏、バイオリニストの千住真理子氏という三人の一流のアーティストを育てた千住文子氏の子育ては、理想ともいえる子どもとの関わりかと思います。詳細は、彼女の書かれた『千住家の教育白書』[21]を読まれることをお勧めしますが、どのように素晴らしいか、少しご紹介したいと思います。

博君六歳、明君三歳、真理子さん一歳半の時のエピソードです。

「割れた窓ガラスには、青や赤の絵の具が塗られている。私が描いたのだ。六歳に満たない三人の子供たちが、さっそく私の真似《まね》をして、ガラス窓や壁、襖《ふすま》に夢を描く。これがおとぎの国のようなわが家、千住家」という文章から、子どもとの関わりが述べられます。母親とともに、家中に子どもたちが壁や襖にいろいろな絵を描いている姿はすごいものがありますね。夢いっぱいの家庭であることがわかりますね。

そして、一方で、以下のように楽しい遊びの中で、躾もしっかりされている様子がわかります。

「メガホンを持って家中を駆け回っている。メガホンは、画用紙をクルクルっと巻いたもので、クレヨンでユニークな模様が描かれたものである。

『みんなぁ〜、聞こえますか。聞こえたらお返事をしてください』

六歳に近いヒロシは、打てば響くように応《こた》える。

『ハイッ。ボクーチロチ、トーッテモヨクキコエマシタ』（中略）

すると『ガイ。キコエマシター』と三歳のアキラのハスキーな声がする。

一歳半のマリコは、みんなに合わせて口をパクパク動かしている。（中略）

幼い三人が、うれしそうに私の方を見る。少し得意になって、メガホンで続けて話す。

『それでは、おててをよーく洗ってください。もうすぐご飯ですよ』

と、叫ぶや否《いな》や、私はメガホンを投げ捨てて、洗面所にすばやく走る。（中略）

『はい、石鹸《せっけん》やさんですよ。手拭《ぬぐ》いやさんもいますよ』

走って来た三人は六本の手を水道の下にだす。いずれも小さな紅葉のようだ。（中略）

次に私が変身するのはコックである。パンの袋を帽子のように頭に乗せてメガホンを持つ。

『お利口さんはテーブルに着きましょう。ご馳走《ちそう》やさんが待っていますよー』

手を洗い終えた三人組がやって来た。

『ハラペコリンリン、ハラペコリン』とヒロシが歌う。アキラは『ペコリンペコリン』、マリコは低くつぶやくように『ペコペコペコペー』とニコニコしながら歌う。

『おいしい、おいしい、人参《にんじん》バター焼き、お肉のスープ、卵のクルクル、サラダパン、ヨーグルト、クダモノいかが？』

私が歌うと、いつものように、どれにしようかと目を輝かせ、ナイフ、フォーク、スプーンのどれかを選び、静かになる」

このエピソードからは、文子氏が、子どもと楽しみながら、家中に絵を描いていたことがわかります。そして、子どもと楽しく、遊ぶ、それも三人をしっかりと見つめながら、皆が楽しくあるように工夫されている。遊び心に溢れ、歌に溢れ、それでいて、しっかりと手洗いなどの躾がなされている。それも楽しい雰囲気の中で……。夏の星の下では、子ども三人にいろいろな物語を作ってお話もされたようです。

また、こんなエピソードもあります。長男の博君はクレヨンを持つようになると、活発に創作（？）を始めたそうです。襖と言わず、壁と言わず、柱にいたるまで、博君は絵を描いたそうです。文子さんも「これでいいのだろうか」と迷って夫に相談されたそうです。すると、夫は「おそるべき集中力をもっている。放っておこう」と言われたので、文子さんはけじめをどのあたりにつければよいかと訊ねると「他の場所に行ってやってはいけないということは、しっかり教育しておこう」と言われたそうです。父親の態度も素晴らしいですね。それでも、文子さんは、これがいたずらではないのかということを心配されたのですが、夫は「もちろんさ」（いたずらではない）と言い、「描くなら徹底的に描け」とも言ったそうです。子どもの落書きを見て、ここまで、真剣に夫婦で話し合うこと自体が素晴らしいことです。そして、それがいたずら以上のものであることを見抜いたお父さんは素晴らしい判断力の持ち主でもありますね。

「問題は子供がいかに興味をもつかということ、それに対して何パーセントの集中力をもって突進するかということ」が大切だとも述べられています。

また、以下のような言葉も素晴らしいですね。

「子供を育てるのは、子供自身の自由を基本として、見守るという謙虚な考えに徹しなくては駄目なんだよ」

そして、子どもたちが興味を示したピアノやバイオリンを、子どもたちが求めるように習わせていきます。思い切り絵を描かせてもらったせいか、博氏は、後年、日本画家になられました。次男の明氏もほぼ独力で作曲家になられました。

文子さんは、子どもたちを育てながら、義父母の介護、夫の看病などに真剣に関わられています。子どもたちの協力する姿も心動かされるものです。また、バイオリニストになった真理子さんのバイオリンの練習についても、そのサポートはすごいものがあります。一読されることをお勧めします。

第二章

「養育能力格差社会」の影の側面

——明らかに子どもを苦しめる親子関係、知らぬ間に悩む子を育てる親子関係

「はじめに」において家族構成の変化や地域社会の変化に伴って、子どもたちから強いつながりのある群れ集団が失われてきたことを述べました。逆に言えば、子どもたちにとっての強いつながりのある存在は親だけになったと言えましょう。現代の親はひと昔に比べ、子どもに多くの時間を費やすことができます。子どもは他の子どもとの関わりよりも、親との濃厚な関わりの中で育つことが多くなっています。そのため、子どもの育ちにおいては、この親子関係以外の要因が働きにくくなっているのです。ですから、第一章においては、健康な子・元気な子を育てる養育態度について詳細に述べました。今や、親子関係のありようが、親の養育能力が子どもの育ちに決定的に影響する時代になっています。そこには、光の部分である良さもあるとともに、影であるマイナスの部分も当然存在します。本章では、親子関係が決定的に子どもの人生に影響する影の部分について論じたいと思います。しかも、**わが国においては、先進諸国の中では、父親の養育参加が最も低いこともわかっています。つまり、子どもは、母子家庭に限らず、ほとんどを母子関係中心の養育状況で育っていくのです。**

言いかえれば、今や、母親の養育能力で子どもの人生が決まる時代になったということです。多くの平均的な親は、悩みながらも、現代的な状況の中で、それなりに私が前章で述べた必要な養育態度を満たして育てていると思います。ですから、子どもたちは、多少の悩みを抱くことはありながらも、ほぼ健康に育ち、大半の子どもが、私の言う「それなり世代」の若者になっていきます。しかし、一方で、親子関係が決定的になりすぎると、親の養育能力によって子どもの人生は、大きくプラスにもマイナスにも傾きやすいのです。そういう意味で、今や「養育能力格差社会」となっているのです。**この「養育能力格差社会」のプラスの部分、言いかえれば光の部分は、若い才能がどんどん伸びる時代になっているということです。その反対に、親子関係のマイナスの部分、言いかえれば影の側面は、親の不適切な養育態度や歪んだ関係などが、深くダイレクトに子どもに悪しき影響を与える時代にもなったということです。**そこで本章ではまず、この母親の養育能力が子どもに与える影の側面について語ろうと思います。光の側面としての才能を伸ばす養育態度については、次章で述べます。

親の養育態度がさまざまに子どもに悪影響を及ぼすことについては、精神分析、交流分析、アドラー学派などの各学派からのさまざまな言及がありますが、ほとんどは、理論体系に基づいて、親子関係に問題があると、どのような悪影響があるかを述べたものです。それゆえ、理論体系をある程度知らないと理解しにくく、しかも、親の養育態度そのものについて触れていることは意外と少なく、ましてや、親の養育態度を分類して考察しているものは稀なのです。そこで私なりに、そのような理論に基づかず、親の養育態度の問題を論じた著作を探してみたところ、以下の四つの著作を見つけることができました。そのうちの三つについて養育態度の分類を表2（以下、三頁にわたり詳細な表を示した）に示し、まず、それぞれの内容について検討したいと思います。

表2の上段は、アメリカの児童精神医学会の作成した『DC:0-3R』の内容です[37]。この本は三

歳までの子どもの精神疾患の診断基準を示したものですが、その診断基準の中に「relationship checklist」（関係性チェックリスト）の項目があり、そこに問題となる親の養育態度の分類が述べられています。三歳までの子どもの診断ですから、本人一人が病院に来ることはなく、当然、親子で受診していますから、実際の親子の様子を観察したことがベースとなっていると考えて間違いないでしょう。特に、「Anxious/Tense」（「不安／緊張」）「Angry/Hostile」（「怒り／敵意」）の項目は、実際の親子の様子を観察しないと見出しにくい内容だと思います。ですから、他の二冊（表2の中段下段）の欄にはこれらの項目がありません。

他の二冊は、大人に成長した患者の臨床で語られた、その親の養育態度から類推したものです。スーザン・フォアードの書『毒になる親』[19]、ダン・ニューハースの書『不幸にする親』[25]においては、「義務を果たさない親」や「責任を果たせない親」なども述べられていますが、どちらかと言えば、「神様のような親」「コントロールばかりする親」「カルトのような親」「完全主義者の親」など、強烈に子どもを支配する養育態度が述べられています。また、表にはないのですが、キャリル・マクブライドの『毒になる母』[9]（フォアードの本と似た邦題）は、副題が『自己愛マザーに苦しむ子供』とされていることからもわかるとおり、自己愛的に支配する母親について述べられています。**どうも、アメリカにおいては、問題となる親、特に母親においては、コントロール過剰であったり、自己愛的である母親が問題となることが多いようです。**わが国の臨床においても、そのような母親に苦しめられた子どもに出会うこともあるのですが、後

表2　**問題のある親**（似ている親をそれぞれの枠に入れて縦並びで対応させている。なお、空白の欄はそれに相当するカテゴリーがないことを意味する）

DC:0-3R（筆者が重要と思うところを記す）	毒になる親	不幸にする親
「Overinvolved」（関わりすぎの親） 身体的にも心理的にも過剰な関わりを示す。 子どもの目的や欲求を阻止してしまう。 子どもを支配している（dominate）。 子どもの発達にそぐわない要求をする。 子ども自身を独自の要求を抱く個別な存在と見なしていない。 子どもの独自性に対する心からの関心を持たない。 世代間境界は曖昧。	**「神様のような親」** 親は絶対であり、子どもは常に親の言うとおりにしなければならない。ギリシャ神話の神様と人間との関係に似ている。その時の親の気分でどんな罰を受けるか予測がつかない子どもは内心いつもビクビクしている。 **「コントロールばかりする親」** **○直接的なコントロールをする親** 「言ったとおりにしなさい。さもないと……」などと命令する。 子どもの気持ちやニーズより親のそれを真っ先に優先させる。 **○はっきりとわかりにくいコントロールをする親** 手助けしているような姿を装った余計な世話をする。	**「カルトのような親」** 「自分は常に正しくて、すべてがわかっている」という態度の親。 厳格な規則、形式、主義、信条で家族全体をコントロールする。軍隊のような家であることもある。 **「完全主義者の親」** すべてにおいて完璧であるように子どもにプレッシャーをかける。美しさ、地位、権力、お金などを崇拝していることがある。 強迫観念的な要求をするタイプもある。整理整頓、清潔さなどを強迫的に要求する親。 **「常に自分の都合が優先する親」** 自分を満足させるために子どもを使う。他者が必要としていることや気持ちに気が付かない。自己中心的で自己愛的であることが多い。子どもにも嫉妬する。 **「構いすぎて子どもを窒息させる親」** 子どものことを考えて世話をしているようでいて、実は、親の不健康な依存心に根差した不安から世話をしている。そのために子どもの世話をしていないと落ち着かない。 **「子どもの幸せを取り上げる親」** 機嫌を損ねると愛情を引っ込めたり、承認を与えなかったり、口を利かなかったりしてコントロールする。子どもが期待通りにやっていれば心のサポートを与えるが、ひとたびガッカリするようなことがあると、たちまち愛情を引っ込める。

DC:0-3R（筆者が重要と思うところを記す）	毒になる親	不幸にする親
「Underinvolved」（関わりが少なすぎる親） 親は稀にあるいは散発的にしか子どもに関わるとか関係性を持とうとしない。 絆の欠落は質の悪いケアーとして表れる。 子どもからの何らかの合図（cues）に鈍感か反応しない。あるいは子どもからの合図（cues）を見逃すか、誤解する。 親子のやり取り（予測性や相互性）に秩序や一貫性が欠ける。 親は、子どもを無視し、拒否し、子どもを快くすることをうまくできない。 子どもの内的な感情に対して適切に響き合えない。 情緒的、身体的な傷つきや他者からの虐待から、子どもを十分には守れていない。 アイコンタクトや身体的触れ合いが少なく、絆が浅い。 親子関係は生き生きしたものや楽しみに欠けている。	**「アルコール中毒の親」** 親が子どものままでいるため、子どもは子どもとしていられない。 親は自分とアルコールのことしか関心がない。 **「義務を果たさない親」** 親自身が情緒不安定であったり、心の健康が損なわれているため、子どもの必要としていることに応えられないばかりか、子どもに満たしてもらおうとする場合もある。 「お前の気持ちなんか重要ではないんだ、自分のことで頭がいっぱいなんだ」というような親。	**「責任を果たせない親」** 大人に成長できておらず、子どもに世話を焼いてもらうことを求めて「私は具合が悪いのよ」などと言い訳をして責任を取ろうとしないこともある。 虐待するパートナーや支配的なパートナーを夫にしていることも多い。夫の虐待を止められない。 **「支離滅裂な親」** 安定した態度で子どもに接することができず、密着したかと思うと急に疎遠になったり、あるいはその逆といった具合に、行ったり来たりを繰り返す。 アルコール依存症者によくみられる。 気分屋で気まぐれであることが多い（安定した関わりが得られないという意味でこの枠に入れた（筆者））。
「Anxious/Tense」（不安・緊張の強い親） 親子のやり取りは、緊張した締め付けられるようなものであり、リラックスした楽しい相互的なものではない。 子どもからの合図（cues）に極めて敏感である。 子どもは満足しているのか、振る舞いはどうか、発達はどうかなどを懸念する発言が多い。あやすときは、不器用で緊張感のあるものとなる。 子どもの振る舞いや感情などをしばしば誤解し、不適切な対応をする。		

「Angry/Hostile」（怒り・敵意の強い親） 関係性は粗暴で唐突なものであり、情緒的な相互性に欠けたものである。 子どもからの合図に無関心である。特に子どもが何かを要求していると思うときはそうである。 子どもを唐突（abruptly）に扱う。子どもをあざけったり、からかうことがあるかもしれない。 親子関係は敵対的で怒りの強いものであり、楽しさや熱狂などに欠けたものである。 子どもの依存を要求がましいものとみなし、子どもの欲求を拒否する。		
「Verbally Abusive」（言語的な虐待）	「残酷な言葉で傷つける親」 はっきりと悪意のあるひどい言葉で露骨にののしるタイプと、一見、悪く言っているようには聞こえない「からかい」「嫌味」「屈辱的なあだ名」「微妙なあざけり」など、ユーモアという外見を取り繕っているタイプ。	
「Physically Abusive」（身体的な虐待）	「暴力をふるう親」	「身体的な虐待をしている親」
「Sexually Abusive」（性的な虐待）	「性的な行為をする親」	

に述べるように、どちらかと言えば、不安傾向の強い母親が世話をしすぎる「不安の先取り型」と私が呼んでいる養育態度や、きちんと育てなくてはとか、間違いのない育て方をしなくてはならないと力が入りすぎている、「きちんと型」と名付けたい養育態度が問題となることが多く、これは文化の違いからくるのかもしれません。この点については後に述べます。

特に「自己愛」の問題はアメリカの臨床の主要なテーマにもなっており、どうもアメリカ社会の持つ問題であろうことがうかがわれます（トランプ大統領を見ても、それを感ずるかもしれませんが……）。

以下に、すでに触れた四冊の本を参考にしながらも、私自身の臨床経験をもとに問題となる養育態度について触れたいと思います（本章の内容は、拙著『変わりゆく思春期の心理と病理』[30]および『10歳までの子を持つ親が知っておきたいこと』[33]と重なる部分があることをお断りしておきます）。

A

明らかに問題のある親子関係――虐待と機能不全家族

1　虐待について

まず、最悪の養育態度である虐待から話を始めましょう。それとともに親がうつ病・アルコール中毒であるなどで、養育機能が果たせていない機能不全家族も明らかに問題となる養育環境でしょう。

虐待は、『DC:0-3R』においては、「言語的」、「身体的」、「性的」な虐待が取り上げられており、『毒になる親』においては、「残酷な言葉で傷つける親」「暴力をふるう親」「性的な行為をする親」に当てはまるでしょう。過剰なコントロールの養育態度などは、一見、家庭が安定しているように見えることもあり、虐待とも機能不全家族とも見なされない傾向があるのですが、子どもを傷つける可能性があるということでは、虐待的な関わりであるとも言えます。しかし、それは後に触れます。また、「アルコール中毒の親」「義務を果たさない親」「責任を果たせない親」「支離滅裂な親」などは、虐待に含まれる「ネグレクト」に陥る可能性も高いでしょう。**つまり、問題のある養育態度には、積極的な攻撃や支配コントロールしすぎる方向性と、無視・過放任といったある意味正反対の方向性があり、共に、健やかな養育態度から離れてしまいます。**一般の家庭でも、関わりすぎる傾向と関わらなさすぎる傾向に傾く家庭は少なくありません。

虐待は、親子が大家族の中にいるとか、地域社会に濃厚なご近所付き合いがあれば、問題として起きにくいものでしょう。虐待は児童相談所で対応したケースだけでもうなぎのぼりです。これからも増えるでしょう。虐待は、わが国では身体的虐待、性的虐待、ネグレクト、心理的虐待に分けられます。性的虐待は意外と増加していないのですが、他の虐待は急増しています。虐待の定義が変更されたこともあって、昨今は心理的虐待が統計上は急増しています。そして、虐待の主体者は、圧倒的に実父以外の父親による虐待が多いのです。このことは、母親が子どもの実父以外と再婚あるいは同棲しているということを意味します。このことが何を意味するかはいろいろ想像できますが、早急な解釈はここでは控えましょう。ただ、身体的虐待や性的虐待は、かなり意図的なものですが、ネグレクトや心理的虐待に関しては、親の養育能力が低いために結果的に虐待的な状況が発生している可能性も高いでしょう。**養育能力の低さという意味では親自身が子どものままの心理状態にとどまるケースも少なくないと考えています。まだ十分に母性を抱くレベルに達しないまま子どもを産んでしまう可能性があるのです。**どのように関わってよいかわからずに、養育への関わりを放棄するため、結果、ネグレクトになったりイライラして子どもに当たることもありえます。

私の出会ったケースでは、養育しなければならないとわかってはいても、どのように対応してよいかわからぬまま、乳児を放置していたケースがありました。父親が帰宅すると、激しく泣いている子どもの横で、たばこを吸い続ける母親を見て驚いたというケースでした。母親は、泣いている子どもをどうしてよいかわからずに、たばこをふかしていたというのです。「私は何をすればよいかまったくわからないのです」と私の前で母親が泣かれたのを覚えています。母親は有名私大を出て教育レベルの高い人ではあったのですが、養育能力にはまったく欠けていたようです。その母親は一人っ子として大切に育てられた人でした。ですから、優しい気持ちを持っている方でもあったのです。でも養育していくという役割はまったく果たせない状態でした。彼女と話していて、かわいそうな気持ちにもなりました。

また、自分がまだ遊びたい気持ちが優先していて、子どもへのケアーがおろそかになることもありますし、気まぐれな母親に育てられた場合、虐待としては表れないのですが、心理的には、虐待に近い状況になりやすいと思われます。表2の『毒になる親』『不幸にする親』においては「義務を果たさない親」「責任を果たせない親」「「支離滅裂な親」に相当します。子どもを車に乗せたまま、パチンコをしている母親の話などを聞くと、かなり危ない状況にあるような気がしてなりません。

昔も、支配的であったり、未熟な母親、養育能力の低い母親、養育に興味の持てない母親はいたと思います。しかし、大家族であれば、それを補う存在がいたのです。特に養育というのは、第一子であれば、だれもが初めてのことであり、とても不安を抱くものです。母親の心の弱さなどの弱点が露わになりやすいものです。それをかつては、祖母などが補っていたのです。今や補う存在がいないのです。そういう意味では、現代の母親の方が難しい立場に置かれているような気がします。東京都保健福祉局の「児童虐待の実態2」によると虐待の家庭状況は以下の順になっています。①ひとり親家庭、②経済的困難、③孤立、④夫婦間不和、⑤育児疲れ、です。この結果からは親が孤立し追い込まれている様子がうかがえます。ただ、この内容に欠けている面として、親の養育能力について触れられていないことが気になります。養育能力は測りにくいからだと思います。もちろん、孤立しているからこそ、養育能力の低さがそのまま虐待に発展してしまうのは間違いありません。

2 機能不全家族——特に病気の母親・シックマザーについて

養育機能が働かないという意味では、親が病気などの問題を抱えている機能不全家族も問題となります。表2では、「アルコール中毒の親」「義務を果たさない親」などが当てはまるでしょう。機能不全家族には、虐待や極度の貧困も含まれますが、ここでは、親の病気について触れたいと思います。アルコール依存やギャンブル依存、そして、うつ病などの慢性の精神疾患などが問題になります。このような慢性疾患を持つ母親を「シックマザー」と呼びます。

あるケースにおいては、父親がアル中であり、娘を幼いころから酒飲みの相手にしていたために、娘自身もアル中になってしまったというひどい話もあります。しかし一般には、依存も精神疾患の問題も父親だけが病気である場合は、母親が補うことさえできれば、それほどの問題にはならないと思います。逆に言えば、母親が何らかの依存症であったり、うつ病などの養育機能を果たせない疾患にかかっていると、直ちに家族機能は働かなくなりやすいのです。もちろん、父親が補うことも可能ではあります。

さまざまな慢性疾患の母親に育てられることが、子どもにマイナスの影響を与えることについては、いろいろな報告がありますが[6]、最も深刻ともいえるうつ病の母親に育てられる場合について述べたいと思います。

まず、うつ病というものが、考えている以上に多いものだということを知っていただきたいと思います。女性においては、生涯有病率（一生の間にうつ病を経験する比率）は二七％に上るという報告もあります。特に女性においては産後うつ病がかなり高い発症率を示してもいます。東京二三区の過去一〇年間の妊産褥婦の異常死の八九例中六三例が自殺であったという報告すらあります。ここには産褥期うつ病が関係していることは明らかです。これらのことから、どの数字を見ても、うつ病がごく当たり前に見られる疾患であることがおわかりになるでしょう。

そして、母親がうつ病である場合に見られる子どもへの影響は、年齢により異なりますが、乳幼児では、過剰に泣く、イライラしやすい、不安が強い、活気がない、無気力である、成長が遅れる、などの兆候として見られますし、学童期であれば、多動、注意散漫、攻撃的行動、低い自尊感情、友人が少ない、などの兆候として表れるという報告もあります。学童期の兆候からは、子どもがＡＤＨＤと診断されかねない徴候でもあります[6]。

しかし、一方で、親がうつ症状を示していても、子どもへの感受性が乏しくないときは（うつ病の症状を示す親は、一般には感受性が乏しくなる傾向があると言われています）、子どもの発達や問題行動が少ないという報告もあります。それゆえ、母親がうつ病だからといって、必ずしも子どもに悪影響を与えるわけではないのです。子どもへの感受性、子どものさまざまな要求に対する応答性の問題なのです。つまり、第一章で述べた親の「敏感性」が問題になるのです。もし母親の感受性の低下を補う存在が身近にいれば、子どもへの悪影響はかなり補える可能性もあるでしょう。そういう意味でも、大家族であれば補える可能性が高いのです。うつ病の母親には、生きにくい孤立した状況の時代になりました。

ある一四歳になる不登校を問題として受診された子どもの母親は、長いうつ病を患っていました。両親は離婚しており母子家庭でした。そして、その子は一人っ子でした。母親は何とか仕事もしておられました。しかし、家に帰ると疲れ切っており横になっていることが多く、食事も弁当や冷凍もので凌いでいるようでした。当然、子どもとのコミュニケーションはほとんど持てません。その子どもさんとの面接では、沈黙が多く、どこかエネルギー全体が落ちていて、うつ状態ではないが、ひどく無気力な状態でした。私は母親の両親との同居を勧めることから治療したのを覚えています。孤立した家庭で、親、特に母親にうつ症状が続くことは極めて深刻な影響を子どもに与えます。

また、以下のようなケースもありました。ある企業で活躍して出世した女性でしたが、ある時点でひどいうつ病に陥ってしまいました。彼女の母親もうつ病であり、彼女の幼少期には、父親とは離婚していることもあり、「お前だけが生き甲斐だ。お前がいないと生きていけない」と言って、つらい気持ちを彼女に投げかけ、「いつも私のそばにいておくれ」という態度でしがみついてくるような母親であったと言います。母親のうつ病は数年して改善したのですが、幼児期に受けた影響は大きかったようです。彼女はバリバリ働いてきたのですが、自分も母親のようになるのではないかという不安をいつも抱いていました。一見すると元気ではあるのですが、深い不安感を抱いていたことを徐々に自覚されていき、それが自分のうつ病発症に影響していたことも自覚されていきました。それほど、幼児期の問題は人生全般に影響しうるのです。

攻撃的な虐待や無視・放任の問題、および、親（特に母親）がうつ病やアル中などの慢性疾患を患っている場合には、治療的には、単なるカウンセリングでは機能しないことが多いのです。どうしても、何らかのケースワーク的な介入が必要となるでしょう。児童相談所の役割が重くなります。

B

知らぬ間に、子どもに悪影響を与える養育態度

虐待も機能不全家族も、誰が見ても子どもの健康な成長を妨げることは容易に理解できます。しかし、私のような児童思春期の臨床に携わる者が痛感するのは、一見、安定した家族であるとか、少なくとも、ある程度の家族機能は備わっているのに、問題を抱える子どもが育ってしまうケースの方が圧倒的に多いということです。言いかえれば、一見、安定している家族において、実は、問題が内在化しているケースが多いということです。つまり親は、良かれと思って自分なりの養育態度で育てているのですが、それが親の知らぬ間に、子どもに悪影響を与えてしまう養育態度です。このようなケースにおいても、ある程度の類型が可能です。それを再び、すでに述べた四冊の著書などを参考にしながらも、私の経験をベースにして述べたい

と思います（拙著『10歳までの子を持つ親が知っておきたいこと』参照[33]）。

親は、どうしても、子どもに対して願望や不安を抱きやすいものです。願望から子どもを見ていると、その子ども特有のさまざまな特性を見逃したり、見ても見ないようにしがちです。そのため、子どもは自分自身をありのままに受け入れられたという実感が持てなくなります。また、このような親は、その子が親の願望を満たさない部分や親の期待に至らないところが気に入りません。すると、どうしても子どもの弱点などを否定的に評価します。すると、子どもは自分が受け入れられなくなります。

不安が強い場合も、それを何とかしようというエネルギーのある親は、強迫的に不安になるものを否定しようとしたり、打ち消そうとして、そのことにエネルギーを注ぐために、子どもが見えなくなりがちです。不安の伴った完全主義になることもあります。子どもは不安を感じつつ、その親にコントロールされることになりがちです。以下に、親の願望や不安などによって、子どもが巻き込まれたりコントロールされる養育態度を見ていきましょう。

1　思い入れや自信が強すぎる親――願望や思い込みが強すぎる場合
「コントロール型」「自己愛型」「溺愛型」

a　強力に支配・コントロールする親・「コントロール型」

『毒になる親』においては「神様のような親」「コントロールばかりする親」に相当し、『不幸にする親』においては「カルトのような親」「完全主義者の親」に近いタイプでしょう。親の願望が強すぎる場合に起きます。しかし、すでに述べたように、このタイプはアメリカに多く、意外とわが国には少ないと感じています。ただ、プロのピアニストなどになれなかった母親が、自分の子どもに夢を託して、強烈な思い入れのもとに、幼児期からトレーニングするようなケースには、しばしばみられます。

また、アメリカで起きた隣人家族一家皆殺し事件では、父親は、子どもに対しては常に軍隊における部下のような態度で命令し、反抗は一切許しませんでした。軍隊式の生き方に何らかの理想像を見ていたのでしょうか。実際に銃を持たせ、訓練などもしていました。その父親は、隣人の些細な態度に一方的な怒りを抱き、子ども二人とともに三人で、銃をもってその隣人の家族全員を射殺してしまいました。子どもは言われるままに銃を隣人に向けて発射しています。このように育てられた子どもは何でも言うことを聞きます。このケースなどは病的でもあります。表2の「カルトのような親」にも「軍隊のような家」という言及が見られますが、それに相当するものと考えられます。映画の『サウンド・オブ・ミュージック』においても、主人公のマリアが現れる前は、子どもたちは父親の軍隊式の躾を受けていた様子が示されています。あのままマリアが現れずに、あのような教育だけを受けていたら、子どもたちの何人かは道を外したかもしれません。

また、父親ではなく母親がコントロールするというタイプの典型は、ベストセラーになった

『タイガー・マザー』(4)という本の著者である母親の態度に見出されます。中国系のアメリカ人の母親です。まず、彼女の教育方針を見てみましょう。最初のページに一〇項目の絶対に守らせるルールが挙げられています。その中からいくつかを例示しましょう。

「友達と遊びに行ってはいけない」

「テレビを見てはいけないし、コンピュータゲームもしてはいけない」

「成績は全教科でA以上を取ること」

「演劇と体育以外の全教科で常に一位の成績を取ること」

「ピアノとバイオリン以外の楽器を演奏してはならない」

これらの項目からも、ものすごく高い要求を強く押し付けている態度がわかります。しかも、絶対に守らせたと言っています。そして、彼女の信念は以下の言葉にも表れています。

「中国の親がよくわかっているのは、何をするにしてもうまくなるまでは楽しいことなどないということです。そのためには努力が必要ですが、当の子どもたちは放っておけば努力などしませんから、親が子どもたちの希望など無視することが重要なのです。(中略)他より抜きん出るには、厳しい練習の繰り返しが不可欠」

彼女の信念がどこから来ているかはわかりませんが、絶対の自信を持って、このような教育態度で臨んでいます。彼女の絶対的自信は以下の言葉からもうかがえます。

「中国人の親は、子どもたちの望みや好みをすべて踏みにじる結果になっても子どもにとって何がベストなのかわかっているという自負があります」

親の願望にこのような頑なな思い込みが伴うことが、最も子どもに悪影響を与えるようです。

そして、彼女は、すさまじいエネルギーと集中力でこの方針を貫きます。**「あなたのためよ」と押し付けている彼女の姿が目に浮かびます。怖いですね。この「あなたのためよ」という思い込みに基づいた押し付けほど、子どもを苦しめるものはありません。**

その体験記がベストセラーになり、アメリカでセンセーションを起こしました。彼女の長女はピアノ、次女はバイオリンで、それなりのコンクールに優勝するなど優れた技量を身につけていきました。そのうえ、長女はハーバード、エール大学にも合格した秀才に育ちました。しかし、著者自身も言っていますが、彼女は、この本を、中国人の親がいかに欧米人の親より優れているかを具体的に示すはずのものとして書き始めたのに、結果的には、一三歳になった次女には激しい反抗を受け、姉妹共に友達がいないことに悩むことになるなど、自らの子育ての反省記になったとも述べています。そのことに気付くことはとても良いことではありますが、やや、遅きに失した感は否めません。ただ、父親がまったく、ゆったりした方で、母親の押し付けを緩める役割を十分に果たしていたようなので、この程度で済んだ可能性はあります。子どもたちには幸いでした。

これほどの激しいコントロールは稀ですが、ピアノやバイオリンなどを幼少期から子どもに習わせるときに、厳しい態度でコントロールしている親に出会うことは稀ではありません。ステージママなども似たような態度で子どもに接しているかもしれません。先ほども述べたように、それは母親の夢であり、思い込みに沿って育てているのです。

また、アダルトビデオのスターとして芸能界にデビューし、タレントとしても活躍した飯島愛さんのお母さんは、近所でも有名な良妻賢母として知られているような方でした。つまり、とてもしっかり者で常に夫を立てるような方だったようです。そして、愛さんに対して、父親の言うことは絶対に聞くことと、学校では優等生であることを、当然のごとく求めるような母親だったとのことです。成績も二番であると、一番の子と比べられ認めてもらえませんでした。テストで百点近くの好成績を取っても、百点に足りないことをがっかりするような態度で指摘されました。また、父親を不快にするようなことは絶対に許されませんでした。**このような母親の態度は、母親が考える理想の家族像、それに見合った「良い子」像を母親が頑なに抱いていたことを意味します。それにそぐわない彼女の側面は否定され続けたのです。つまり、ありのままの彼女は受け入れられないのです。「良い子」の悲劇です。**愛さんは、思春期に入ると激しい反抗的な態度をとるようになり、家出をし、親が最も嫌がりそうなアダルト業界に入ったのです。ある意味、とても頑張った生き方とも言えましょうし、悲しい人生だったとも言えましょう。

また、一見、コントロールをしていないような態度ではあっても、結果的にコントロール過剰になっているケースもあります。よくあるケースです。中学生になって不登校になった、ある子どもの母親は、子どもに良かれと思って、いつも習い事などのスケジュールでいっぱいにしていました。夏休みになると、サマーキャンプなどのイベントをぎっしり詰めるため、父親が子どもと過ごそうと思ってもまったく時間が取れなかったほどです。ある時期が来て、子どもは激しく母親に反抗するようになりました。母親はひたすら子どものためを思い、習い事やイベントを必死に探し、子どもに与えていただけなのです。母親が言った言葉が印象的でした。

「私は、この子のためになることを必死に探して、できる限り豊富に与えようとしてきたのです。それがいけなかったのでしょうか？」と言われ、泣かれました。**問題は、母親の「こうしなければならない」という枠組みが優先しており、子どもの気持ちが知らぬ間にないがしろにされていたことです。**これが知らぬ間にコントロールする養育態度の一種と言えましょう。もちろん、母親は子どもを思って頑張ってはいたのです。自分自身が抱く理想の母親像を頑張って果たしていたとも言えましょう。

また、次のようなケースもあります。

高校一年の男子のケースです。母親同伴で受診しました。というより、母親に言われて受診したようです。

私が待合室に向かって名前を呼ぶと、まず、母親が大きな声で「ハイ」と答えます。そして、さっさと診察室に入ってきます。そして、息子を催促するように呼びます。彼はゆっくり入ってきます。すると、母親は「ここに座りなさい」と言って、ある椅子を指し示します。彼は嫌そうでしたが、それに従いました。息子が座ったのを確認すると、やにわに「とても、困っています。この子が学校に行かなくなったのです。何とかしてください」と言い出しました。

そして、バッグから手帳を出します。それには、休み始めてからの彼の毎日の様子が克明に書いてあり、手帳を見ながら話し始めようとしたので、私は「まあ、お母さん、少し待ってください」と止めました。そして、彼に向かって「よく頑張って来たね。これから話をいろいろ聞かせてもらうのだけれど、まず、お母さんから聞いたほうが良いのか、君から聞いたほうが良いのか、どちらかな?」と尋ねました。このような場合、多くの子は、黙って、やや困った態度をとります。彼もそうでした。そのため、少し沈黙が生まれました。すると、母親が待ちきれずに「早く答えなさい」と催促します。彼はとても嫌な顔をします。しかし、それにも気付かず母親は、彼が話さないと見るや、「私がお話しします」と言い出します。そして、私が止めないと、彼の様子を早口でどんどん話していきます。

こういう母親は少なくありません。もちろん、母親に悪気はないのです。何とか、子どものためになろうとしているのです。**しかし、すべてにおいて自分のテンポで、それも速くて、子どもが考えるゆとりのないテンポで、行動し指図してしまうのです。**このような態度が小さいころから続いていて、しかも一人っ子であれば、言われるままに動かざるを得なくなるでしょう。彼は一人っ子で、母親は専業主婦でした。ずっと彼のそばにいて、絶えず、彼が自分の気持ちや考えをまとめる前に指示し、彼はそれに沿って過ごしてきた様子がうかがえました。

子どものテンポよりも母親のテンポが速い場合は、知らぬ間に、子どもをコントロールしてしまう状況が生まれやすいようです。母親のテンポは子どものテンポより、少し、のんびりしている方がよさそうだと感じています。

このように強力な力で動かし続けられた子どもは、学童期ごろまでは、言われたままに頑張るので、良い成績をとっていたりしますし、親の自慢の子である子も少なくないのです。つまり「良い子」になるのです。しかし、**子どもの内発的な自己が育たず、その結果、本人の主体性や自発性も育ちにくくなり、それらを基にした創造性や問題解決能力も育ちにくくなります。**そのため、思春期になると新たに生ずる問題解決に戸惑い、対人関係なども受け身的になりやすく、楽しくなくなることが多いのです。また、**どこか親の期待に沿おうとするために、いわゆる「役割としての自分」が拡大するために「本当の自分」が育ちにくく、どこか偽りの人生を生きているような気持ちになることも多いのです。**そのため、思春期になると親に反抗します。また、他者《ひと》の期待に応えねばならぬと考えて、対人不安に責めさいなまれるようになります。そうなると思春期はまともに通過できないのです。この点については、後にもう一度説明したいと思います。

b　自己愛的な親――気に入らない子どもを愛せない親・「自己愛型」

典型的には、ステージママのように、自分が望む輝かしいものを子どもを通じて得ようとするようなケースが当てはまります。もう少し広く言えば、自分が気に入る者はとても大切にはするが、そうではない者に対しては、無視するか関心を見せないような態度をとる親のことです。好き嫌いの激しい親と言うこともできましょう。プロのピアニストになれなかった母親が、何としても子どもをプロのピアニストにしようとするような態度や、タイガー・マザーもそういう傾向があるので、結果、自分の気に入った者にするためにコントロールするような親になってしまうのです。

中年になってうつ病になられた女性がいました。彼女は成績が良かったために母親のお気に入りであり、とにかく勉強することを強いられて育ったとのことです。つまりタイガー・マザーのような厳しい教育ママに育てられたわけです。彼女は、精神療法が深まり自分の成長過程を振り返ることで、母親は彼女をエリートに育て上げようとしたに違いないと思い始めました。そのため、勉強して良い成績をとってくる娘は認めるが、女性として、化粧に興味を持ったり、ボーイフレンドを作るようなことは決して許そうとしなかったとのことです（容姿の優れた方だったので、男性からの誘いは多かったことが予想されます）。一度、男性とボーリングに行くと主張したら、許してはくれたものの、なんと、母親自身が若作りをし、派手な化粧をしてボーリング場に現れ、彼女のボーイフレンドに、見ようによっては言い寄っているような態度を示したということでした。それなのに、帰宅すると「あの男はダメだから別れなさい」と執拗に命令してきたと言うのです。また、中学生の時の授業参観の折には、派手な化粧をして、若い男性の担任に媚を売るようなところがあり、とてもそういうところが嫌いであったと言われます。

彼女は母親の期待にある程度沿いながら、エリート街道を歩み、ある段階で疲れ果ててうつ病を発症したものですが、それでも母親の期待の星であったのですから、親に期待され、豊かに関心を持たれた人の持つ、元気さや溌剌としたところが見られました。しかし、ある折に、妹さんが姉を心配して面接に来られたのですが、驚くほど地味な方であり、暗い雰囲気の方でした。妹さんはまったく母親の期待に沿えず、ほとんど無視されて育ったようだと患者の女性は話してくれました。二人とも三〇代半ばになるのですが独身です。結婚する気もないとのことです。このことには、母親の男性不信が影響している可能性があります（母親は気に入らなかった夫と離婚しています）。そのことに精神療法で気付いた彼女は結婚を考えるようになられました。そして、母親からの軛《くびき》から解き放たれていかれました。

アカデミー賞を取った『普通の人々』という名画があります。この映画では、水泳でトロフィーをいくつも取っているような輝かしい長男がいたのですが、事故で突然に死んでしまいます。両親と弟が残されるのですが、皆、この長男を愛し、この長男を中心に家がまとまっていたような家庭だったのです。ところがその長男がいなくなる。特に母親は、どうしても弟を愛せない。少なくとも長男に対するようには愛情を持つことができない。弟は心を病んでカウンセリングを受けます。父親も息子を失った悲しみに耐えながら、何とか家庭を維持しようと努力します。母親も母親なりに表面上、夫も次男をも愛しているという役割を演じます。しかし、心の底での愛せなさ、愛する長男を失った欠落感は如何ともしがたく、心の行き違いが生まれ、ついには母親は夫と次男を置いて家を出ます。映画は取り残された二人を映しながら終わります。この母親は、あからさまな自己愛的な親というほどではないのですが、輝かしい息子しか愛せないという点では、自己愛的な母親と同じ傷を家族に与えています。長男はトロフィーチャイルドだったとも言えましょう。

母親の自己愛的期待から、子どもを一定の役割にはめ込んでしまう場合もあります。自分が高学歴であったり容姿が優れたりしていて、皆の注目を浴びるような存在である場合、自分の子どもも当然、輝かしい子どもであるはずだという期待を向けることがあります。エリート志向の強い家庭に多いと思います。

逆に、すでに述べたように、自分の満たされなかった願望（これを「自己愛の傷つき」という）を子どもに満たしてもらいたい、または、夫に幻滅したことで子どもへの期待が高まったなどの場合も、子どもに過度の期待をすることがあります。「自分の子どもの成績が悪いわけがない」「スポーツをすれば一番になるはず」「こんな三流校にしか入れないのは努力が足りないせいだ」などと思い、自分の期待通りの子どもの姿しか見ようとしなくなります。子どもに何らかの期待をするのは親の常ですが、**この自分の期待する子どもの姿しか認めないという点が子どもをダメにし苦しめるのです。**

自己愛的な親は、自分の気に入らない子どもに対しては、何かと不満を述べる傾向もあるし、不満なところを探し出して文句を言い続ける傾向もあります。そうすると子どもはすっかり自信を失います。どうしても、子どもに不満ばかりを抱いてしまう母親は、自分の自己愛傾向や、好き嫌いの傾向を顧みてほしいと思います。

そして、自己愛的な親に育てられると、子どもは親の望みを満たす役割を身につけようとします。親の自己愛や自己愛の傷つきが強ければ強いほど、子どもへの期待は大きくなり、働きかけは強くなる傾向があります。すると**子どもは、親の期待に反する側面を強く消し去ろうとします。そして、消し去ろうとする側面が多いほど、あるいはそれが子どもにとって大切な側面であればあるほど、問題は深くなります。**「期待に応える自分」ばかりが育ち、本来の「自分」というものが育たなくなるのです。「偽りの自己」の一つのタイプがここに生まれます。「偽りの自己」についても後に再度触れます。

学童期までは、それでもやり過ごせるかもしれませんが、思春期に入ると、親の期待に応えようとするスタイルが、皆の期待に応えようとするスタイルに広がります。それが子どもを苦しめるようになります。常に他者の期待に応え続ける生き方は苦しいものです。応えられないことへの不安・恐怖は、しばしば対人不安に発展します。

逆に、役割を果たし続けていると、どこか自分を生きている実感が希薄になり、「虚しさ」のような空虚感を抱くことにもなりかねないようです。一定の役割を期待されやすい二代目社長などは、そのような役割人生に陥る可能性が高いと思います。役割から離れて自分のやり方でやれるようになることが望まれます。

C　溺愛する親――世話を焼きすぎる親・「溺愛型」

じつは、『DC:0-3R』には「溺愛」という項目がありません。「Overinvolved」は過干渉とも訳しうるので、その項目に当てはまるかとも思いますが、本文を読むと、「溺愛」をうかがわせる内容には乏しいようです。要するに「Overinvolved」はコントロール的な過干渉を意味する項目であることがわかります。言いかえれば、三歳までは、溺愛的な育て方は問題にならない可能性があるのです。『不幸にする親』においては、唯一、「構いすぎて子どもを窒息させる親」に相当するかもしれませんが、ピッタリな項目はどこにもありません。少なくとも三歳ごろまでは、溺愛であろうと過保護であろうと、構いすぎる傾向はあまり問題にならない可能性があります[13]。

小学校一年で不登校になったある子どもの家をスタッフが訪問した折のことです（一時期、クリニックのスタッフが訪問カウンセリングをしていたことがありました）。訪問すると、優しそうな両親と祖父母が揃って挨拶に出られました。そして、明るく元気な本人も挨拶に現れ、初対面に関わらずスタッフに寄り添ってきました。子どもは一人っ子であり、両親、祖父母の四人に大切に育てられていることがわかりました。皆さん、子ども・孫がかわいくて仕方がないというような雰囲気だったそうです。リビングに入ると、部屋中、子どもの遊び道具（ゲーム機やそのソフトなど）に溢れていました。すべてが子ども中心に動いていることがわかる雰囲気でした。このことが問題なのです。子どもの言うことを何よりも優先して、他の家族メンバーの都合や思いが常に後回しになっているのが、家の様子から一目でわかったとスタッフは言います。特に驚いたことはリビングにUFOキャッチャーが置いてあることでした。「これはどうしたのですか？」とスタッフが訊くと、テレビで楽しそうに遊んでいる子たちを見て、子どもが「自分もやりたい」と言ったので、早速、祖父が買い求めたものだとのことでした。一日遊んで、子どもは飽きてしまったので、そのまま置いてあるとのことでした。裕福であることも影響しているのでしょうが、とにかく本人が欲しいというものは、すべて与えられているようでした。このことも問題です。欲しいものはすべて与えられ、常に優しさだけに包まれ、誰よりも優先され、あらゆる欲求が満たされていることが問題なのです。叱ったことは一度もないとも言われたそうです。これでは、学校での同年輩者との関係は結びにくくなります。しかし、本人は、とても明るく屈託がなかったそうです。傷がないという意味では、健やかに育っていたとは言えましょう。

このように溺愛された子どもは、幼児期までは、家族に守られて育つ間は健やかに育つことができます。しかし、学童期の同年輩者間の世界に入ることが難しくなります。同年輩者間の関わりにおいては、傷つけられもするし、特別扱いしてもらえないので、それを当然のごとく求める子どもは、仲間の中ではやっていけないのです。**幼児期までに、しっかりとした家族という共同生活における躾がなされていないと、他者との共同生活ができなくなってしまいます。**家族（母子だけでも）といえど、一つの共同生活です。他の家族メンバーに迷惑をかける行為や、生活の基本的な約束事は守らせることが必要になります。あなたなら何をしても許されるという態度は誤りです。そういう特別扱いを受けると、子どもは当たり前のルールすら守るのが苦手になります。すると友達と遊べません。

また、親の側のかわいがりたいという気持ちが強すぎると、子どもが本当に求めているものが見えなくなって、ひたすら、親のかわいがりたい願望が勝ってしまうことも多いようです。その結果、親の「敏感性」が失われやすいのです。

また、溺愛型の場合は、自立のための必要な躾がなされないことも問題になります。幼児期から学童期にかけては、ある程度の躾が必要になります。自立のための躾は、子どもが嫌がることも少なくありませんし、躾の瞬間は、子どもの希望に沿えないこともありうるのですが、それでも迷わずに焦らずに躾をする必要があります。もちろん、子どもの気持ちを無視した厳しい躾は過剰なコントロールにもつながるので、子どもの気持ちやペースを大切にしながら、愛情をもって躾ける必要があります。楽しくできればなお素晴らしい。第一章の千住家のような躾が理想的です。千住家のように歯磨きをするときに母親と一緒にリズムをとりながら、楽しい気持ちでできるような躾が望ましいと思います。

溺愛の今一つの問題は、子どもを特別扱いにし、まるで親が奴隷か部下のように、子どもの言うことに従いすぎることです。子どもは自分が誰よりも大切に扱われることに慣れていきます。すると、長じて、クラスなどで多くの子どもの中の一人となると、特別扱いされないことに違和感や居心地の悪さを感じ不登校などになります。こういう子どもをリトルプリンス・リトルプリンセスと呼びます。特別扱いに慣れた子どものことです。自己愛の問題を抱えることになります。

また、容姿が優れているとか、スイミングがダントツに優れているなどの優れた特性などを親があがめて、「お前は特別な子」という態度で接することも子どもの誤った自己愛を育てる可能性があります。こういう子の一部は、思春期などに、トップを守り切れずに、ほぼ普通の子になると、突然、自信喪失に陥ってしまいます。普通ではダメだからです。この自己愛の苦しみはかなり深いことが多いのです。**普通では満たされないというのは、ある意味でとても不幸なことです。それとともに皆と対等に付き合えないという苦しみは考えるよりも深いものです。**

親がエリート官僚だとか、大会社の社長や重役、医者や弁護士であるなど、特別な存在である親の息子が、自分も普通ではダメだと思い込むと、自己愛の悩みに陥ります。やはり、普通ではダメだからです。特に、母親が「あなたもお父さんのようにならなければダメよ」という態度で育てる場合に問題が起きやすいようです。

また、子どもが向き合うべき、つらいことや面倒くさいことをすべて肩代わりしたり、子どもの周りから無くそうとしすぎるのも溺愛の一つのタイプと言えましょう。私は**「世話を焼きすぎる親」**と呼んでいます。

ある高校一年で不登校になった男の子の母親の場合が当てはまります。彼は一人っ子です。年を取ってからやっと生まれた子なので、母親はとても大切に育てたそうです。ただ、子どもは小さいころから、嫌なことや面倒なことに向かわなくてはならなくなると、「嫌になった」「疲れている」と言って、投げ出したり、起きてこなくなるという傾向が目立ちました。そのため、母親は子どもが嫌なことが何なのかを考えて、それを解決することに心を配ったと言われます。例えば、学校に行くことも面倒になると起きてこないので、何度も起こしに行くことがありました。成績は良かったので、授業は嫌がらなかったのですが、遠足などは面倒くさがりましたので、母親がとにかくすべて準備して、何とか行かせようとしたようです。作文や工作が嫌いなので、そのような提出物があると起きてこないので、母親が「やりなさい」と勧めても「疲れている」と言ってふて寝するのが常でした。そのため、母親が作文も書いて（子どもが書いたようにするのが大変だったと言われますが）、工作なども作ってあげました。すると一応学校は行くのです。高校受験も、志望校を決めるのが面倒だと言って手続きをしないので、母親が先生と相談して、すべて決めて出願の手続きもして「ここを受けなさい」と指示したそうです。そうするとやっと何とか受けたそうです。ですが、高校の面倒な宿題が出たとたん不登校になりました。もう母親も代わってできないような課題なので、どうすることもできず、ずるずる不登校にはまっていったとのことです。とにかく、本人が面倒くさがることはすべて肩代わりした様子がうかがえます。このような養育態度ですと、子どもには嫌なことや面倒なものを何とかやり抜く力が育ちません。生きていくうえで出会わなければならない面倒なことや嫌なことを子どもの周りから排除しすぎることも溺愛の一つのタイプかと思われます。この世の中には、どうしてもつらいものがあるのです。スタジオジブリの宮崎駿氏はテレビで「大切なものは面倒なことが多い」と言われていました。面倒なこと、ある程度つらいことなども必要なものなのです。必要な時には、子どもに向き合わせてあげるのが子どものためなのです。

2　わが国に多い親——不安が強すぎる場合「不安の先取り型」「強迫型」「きちんと型」

a　不安の先取り型

これまで述べたのは、強力に子どもをコントロールする親や、溺愛する親の問題でした。しかし、わが国に多いのは、圧倒的に不安をベースにした問題であり、間違いのないように育てようと心配りをしすぎる親の態度の問題です。

「不安の先取り型」というタイプは、日本の代表的な親、特に母親の養育態度に見出される親について私が名付けたものです。日本人はもともと不安を抱きやすいと言われています。そして、今や一人っ子二人っ子の時代となりました。親ならば経験していると思いますが、初めての子に対しては、親はとても不安になるものです。そして、日本人特有の細かい気遣いが、その不安とつながると、不安から子どもが求めそうな何ものかを先に先に与えようとします。それが不安の先取り型、つまり、親が不安なために、子どもが求める前から先に先に、子どもの世話をする態度となります。『不幸にする親』においては「構いすぎて子どもを窒息させる親」に近い態度でしょうか。アメリカにも、このような親がいるということでしょう。DC:0-3Rには、これらに相当する項目がないのは、「溺愛型」と同じように、三歳までなら、過剰に世話を焼くことはマイナスには働かないからでしょう。

このタイプの親に育てられた子どもは、親に先取りされるため、どうしても、自分から自発的に動く主体性が育ちにくくなります。そのため、早くは学童期、遅くとも思春期に自発的に動かなければならなくなる時や、自分の不安傾向とどのように向き合うかが問題となる時に、問題が表面化します。不登校の子どもに多い親のタイプとも言えましょう。

ある中学校二年の時点で不登校になった男子学生のお母さんは、診察室に入って座るや否や、「困っています。不安でたまりません。あの子の幸せだけを考えてきたのに……」と言ってしばらくうつむいたまま沈黙されました。私が少しずつ状況を訊ねていくと、養育の様子がはっきりとしてきました。子どもさんの意見とともに養育状況がよくわかるエピソードをいくつか挙げることにします。子どもさんは一人っ子です。

幼児期においては、食が細かった息子を心配して、母親は栄養の豊富な食事を与えようとしました。とにかく、栄養学も調べて、バランスの良い料理をいくつも作り何とか食べさせようとしました。この点について、子どもは全部食べないと、母親が心配そうに、「それだけで大丈夫なの、どこか具合が悪い？」と言っていつまでも食べるのを待っているので、食べたくなくても食べるようにしていたと言います。学校で使うものなども一緒に買いに行くのですが、子ども自身が選ぶと、「それでは、心配」と言って、最高級のものを必ず買い与えられました。結局、母親が決めるのかと思うようになって、徐々に何も言わなくなったと言います。登校の準備においても、必ず母親がチェックし直し、不備があると「だから私はあなたに任せられないのよ」と言って、さっさと準備し直してしまうとのことでした。母親自身は、ずっと心休まらなかったと言います。

これほどに子どもに必要であろうものを推察して、先に先に与えてきたような養育態度であったようです。「余計なおせっかいのし過ぎ」ですし、子どもの自主性を否定するような関わりです。勉強については幼稚園のころから家庭教師が二人ついていたそうです。二人が週二日ずつ来るので、週四日は家庭教師の指導の下に勉強させられたと言います。母親は「勉強ができないと、将来きっと困るから勉強はしなくてはいけない」といつも言っていたそうです。ある時期まではそういうものかと子ども心にも思ったので、従っていたと言います。そのうえ、母親の様子がいつも不安そうなので、それを刺激しないように従うように気をつかったとも子どもは言っています。子どもの方が親をよく見ていますね。

母親は、子どもが困るといけない、子どもが幸せな状況にならねばならないと、すべてを先取りして、必死にさせるという態度であったようです。不安だけではなく、緊張感の強い養育態度であったとも言えましょう。それは子どもにとっては、「真綿で首を絞められるような状況」とも言えましょう。わが国で児童思春期の臨床をしていると、この「不安の先取り型」の親に最も多く出会うように思います。特に不登校臨床ではそうです。

子ども思いの良いお母さんなのです。しかし、子どものために動いているとはいえ、結果的に子どもをコントロールすることになりかねません。しかも、不安が伴っているので、子どもも萎縮しやすく、ある年齢までは親の言うことを聞いて育ちます。先取り的に干渉を受けているので、子どもの主体性とか、自己主張などが育ちにくい養育環境であることがわかります。子どもが求めるものに、完璧でなくともそれなりに応えて育てるのが健康な子育てです。**先取りは、子どもの内発性が育つのを妨げてしまう可能性が高いのです。**

b　強迫的不安からコントロールする親・「強迫型」

このタイプも親の不安から知らぬ間に子どもをコントロールするタイプです。親としては支配するつもりはないのですが、親自身が不潔恐怖的であったり、不安になることを徹底的に避けようとするため、その結果、子どもをコントロールしてしまう親がいます。

ある母親は、本人は自覚していないのですが、不潔恐怖症に悩まされていました。小学生の子どもが外から帰ってくると、汚れている可能性があると言って服を着替えさせる。子どもが靴を脱いで廊下を歩くと、そのあとをすぐに雑巾がけをする。包丁は危ないからと言って決して持たせない。一度、母親が料理を作っている折に、子どもが、子ども心に遊び感覚で手伝おうとして包丁を持ったら、「ダメ、危ない」とものすごい叫び声をあげたので、そのことの方が恐ろしくなったと子どもは言います。家の中には、触ってはいけないところが何か所かあり、特にリビングでは、座る場所も決められていました。その子ども本人は、小学校二年の折にチックという、顔面に痙攣を起こす症状を示すようになりました。この母親の場合、コントロールすることも問題なのですが、常に緊張が強すぎる雰囲気の中で養育するために、子どもにチックが起きたことが予想されます（「緊張の強い養育関係」については後述します）。

また、高校時代に強迫性障害で苦しんだ青年の父親は、学者として成功している人であったのですが、やはり強迫的な不安を抱かれる方でした。しかも、それは科学的な根拠を基にした不安でした。祭りに行っても、出店の品物は不衛生だから何も食べてはいけない。金魚すくいも、どんな菌がいるかわからないから、してはいけないなどと言われ、本人は、まるで祭りが楽しくなかったことを覚えているとのことです。外出から帰るといつも丁寧に手洗いをさせられ、自室も、少しも埃がたまらぬようにと、毎日のように掃除をするような人でした。当然、山や川などで遊ぶこともさまざまな危険がつきものだということで、学校の行事以外は禁止されていました。昆虫採集などはもってのほかでした。母親は父親の言うことを従順に聞く人であり、家の中は、父親の強迫的な指示が支配していたということです。とにかく、このような養育状況では、子どもの気持ちを大切にするという態度がまったくなくなってしまいます。このことが問題なのです。

これほどまでではないまでも、整理整頓に厳しいとか、清潔さを極端に求めるような態度も、子どもをコントロールすることになりかねません。すると、子どもも完全癖が身につきやすく、思春期に何らかの強迫的な悩みを抱きやすいようです。しかも、常に強い緊張のもとに育つので、緊張感の強い子に育ちやすいようです。

c　子どもに不満・時に怒りを持ちすぎる親・「きちんと型」

「不安の先取り型」に似た態度がすでに触れた「きちんと型」です。実は、「きちんと型」というのは、子どもをよく見て、子どもに必要なものに沿って世話をするという養育が苦手なお母さんに多いようです。養育が不安であるし、何をしてよいか本当はわからないため、母親が頭で考えたものか、ママ友に言われたことや、本で読んだことなどに沿って、それをきちんとしていこうとする態度からくるものと考えられます。つまり、外枠やパターンに頼るお母さんなのです。すでに述べた夏休みにサマースクールなどをびっしり予定に入れる親などもこのタイプに含まれるでしょう。**つまり、子どもの様子を見て、自分で考えて、子どもに合った対応をするということが苦手な母親の態度でもあります。**その一方で、きちんとしたいと考えている母親なので、予定に沿って、きちんとやらせることにエネルギーを注ぐことになります。やはり、子ども思いの良いお母さんではあるのです。

この「きちんと型」と名付けている親も、前述した強迫的な親とも言えましょう。つまり軽症型の強迫的な親ということです。とにかく、きちんと育てようとする気持ちが強く、自分のプラン通りに子どもが過ごしていることに安心と満足を抱く育て方です。ある母親は、子どもにサッカーをさせなくてはならないと考え、毎日地元のクラブチームに通わせていたのですが、塾と、サッカーの送り迎えとお弁当作りで毎日が地獄のようだったと言っておられました。まったく楽しくはなく、とにかく、予定をこなすことで精一杯でいつも疲れイライラしていたと言います。このような状況では、やはり子どもの気持ちを大切にする余裕はありません。計画をきちんと遂行することが何よりも優先されるからです。つまり、柔軟に子どもに応対するよりも、パターンに頼り、パターン通りに進んでいることで安心を得ようとする親であるとも言えましょう。

自分の期待通りに育っていないと不満を抱く親もこのタイプに入れてもよいかと思います。そうするとどこまでも「自己愛的」な母親に近づいてしまいます。つまり、自分の期待通り

「きちんと」育ってくれていること、「きちんと」プランをこなしてくれることが、いつの間にか、子どもの気持ちより大切になってしまい、その通りにいかないと不安や、時には、怒りをも抱いてしまう親の態度です。子どもの行動に対して、何かイライラしていたら、一度考えてもらいたいものです。日本には多い母親のタイプです。どうしても、子どもが予定通りにしてくれないことに目が行くので、「自分の予定を台無しにする子」という気持ちを抱きやすいし、言葉でも知らずにけなしてしまう可能性が高いのです。子どもが「ダメな子」だと思うことが多い親御さんは、自分の勝手な予定・枠組みから一度、離れて、子どもの良いところを見直してあげてほしいと思います。ダメな所ばかりを指摘されると子どもは自信を失います。このように、**「きちんと型」の場合は、母親が無意識のうちにきちんとしてくれない子どもに、不満、時には怒りを抱きやすいものです。**こういう子どもは、親子面接をすると、何かと母親の機嫌をうかがう様子を見せます。母親が不満を抱いていないかを直感的に確かめるようです。そのうえ、子どもは母親に嫌われていると思っていることも多いようです。だから、嫌われないように言うことを聞いているのです。嫌々やっているので、時々、やり損ないや抜けることもあるわけです。すると母親の不満顔に出会う。そういう安心感の無い、不安や恐れの中で言うことを聞いているので、何か、嫌なことがあると、モチベーションがないから、すぐに挫折しやすいのです。学童期の不登校の子どもの親に多いように思います。

予定通りに子どもを育てようと考えていたり、子どもがやりたがっていないのに予定を入れす

ぎるような傾向があったり、子どもの態度振る舞いに不満を抱きやすい母親は、一度、自分の育て方を反省してみていただきたいと思います。

3　子どもの気持ちを決めつける親――「投影型」

人は常に、周囲の者に対して、自分のイメージや先入観を持って対処するものです。子どもに対する母親も同じことで、「この子はこんな子に違いない」「この子はこんなことが好きに違いない」などのイメージや先入観を投げかけます。そして、自分の先入観通りの子だと思って子どもと関わります。そのため、子どもは母親の中にある自分のイメージを取り入れながら、成長していくことになります。小さいころであればなおさらです。

このような先入観や思い込みというものはある程度仕方がないことであり、常に少しは起きているものです。しかし、親の持っているイメージが、基本的なところで子どもに合わない時が問題となります。他の動物ではこのようなことは起きない可能性が高く、極めて人間的な問題とも言えましょう。人間だけが、すべてのものごとについて自分なりのイメージを付け加え、自分の思い込みに沿って意味づける。自分の子どもに対しても例外ではありません。

思春期に摂食障害になった高校二年の女の子は、大分、立ち直ってきて、これまでの自分と母親との関係を自覚できてきたときに、このように言いました。

「私と母親との関係はズレたものでした。母親は思い込みが強く、『こうしてあげることがこの子の幸せだ』と考えていろいろしてくれたのですが、それはどこか私の求めるものとはズレていたように思います。たとえて言うなら、私がお腹《なか》がすいて泣いていると、母親は毛布を掛けてくれて、これで満足でしょうと、母親の役割を果たせた幸せに浸っている。そのため、子ども心に『これでいいのだ』と思う。または思うようにする。でも、当然お腹はすいたままなので、どこか満たされない。たぶん、欲求を思った通りに満たされたことがないので、欲求そのものをいけないことと思うようになったような気がします」と。

ある中学生になる女の子（一人娘）が、不登校ということで母親と一緒に相談に来られました。しかし、診察室に入るなり壁に向かってうずくまってしまいました。すると母親が彼女に向かって、やや声を荒げてこう言いました。

「あなたが治療を受けたいだろうと思ったから連れてきたのに、どうして先生に背を向けたまま話そうとしないの？」

すると、むせびながら彼女がとぎれとぎれに答えました。

「お母さんが行ってほしそうだったから、嫌だけど来たのに……」

二人は、互いの気持ちを勝手に想像し、決めつけてやり取りしていることがわかります。精神分析的には、このように相手の気持ちを決めつけ、それに沿って働きかけることを**「投影同一視」**と呼びます。お母さんたちの中には、「ねぇねぇ、あなたもそう思うでしょう？」と相手の気持ちや考えを決めつけて話す人をよく見かけます。その思い込みがひどいほど、投影同一視は起きやすいのです。

例えば、母親自身が好きなものを子どもに与えて、「これで幸せでしょう」と決めつけるような関わりをすると、実際には自分の好きなものとは違ったとしても、幼ければ幼いほど、子どもは、「自分は好きなのかもしれない」と思ってしまうものです。

あるケースでは、釣りの大好きな父親が、子どもの誕生日祝いには、釣り道具や魚の図鑑などをプレゼントしたりし、父親と遊びに出かけるのはいつも釣り場だったそうです。幼児期は、それに付き合っていると、「そーか、お前も釣りが好きなんだなー」と満足そうな父親。学童期になると、あまり釣りが好きではないことに気付いたので、息子が付き合わなくなると、父親はいつもイライラして、何かと彼を責めることが多くなったので、嫌々、最小限、付き合うようにしたと言います。この父親の態度も投影同一視的です。まあー、この程度なら、それほど問題は起こりませんが……。

投影同一視のマイナス面は、子どもが本当の自分の気持ちを抱きにくくなることです。投げ込まれた親からのイメージを、本当の自分の気持ちだと誤解すればするほど、問題は深刻化します。釣りの大好きな父親のケースでは、息子はある程度、好きではないが、仕方なく付き合っているという程度であるので、心の深いところまでは問題は起きない可能性があります。嫌だと気付いているからです。それでも、彼はいつもどこか自分の気持ちに嘘があるような気がすると言っていましたし、父親に申し訳ない気持ちになるとも言っていました。

4　子どもへの関心・関わりが少なすぎる親、子どもに愛情を感じにくい親

これまで述べた親は、自分の都合や不安や思い込みが優先していたとはいえ、子どものことを真剣に考えています。時には過剰気味に関わってさえいます。しかし、その反対の養育態度もあります。それは、子どもへの関わりが希薄すぎる場合や、子どもの気持ちに無関心な養育態度です。虐待の一種のネグレクトはその極端な場合でしょう。『DC:0-3R』においては「underinvolved」に相当するし、『毒になる親』においては、「義務を果たさない親」に、『不幸にする親』においては「責任を果たせない親」に近似する養育態度です。また、「アルコール中毒の親」などのように、親自身が問題や病気を抱えていて、子どもに関心が向かないこともあれば、もともと、あまり母性的ではなく、自分の遊びや男性関係にのみ関心を向ける母親なども、子どもへの関心は低くなりがちです。シックマザーも結果的に子どもへの関心が薄くなる可能性が高くなります。

私自身は、子どもへの関心が薄い場合の方が、過剰な関わりやコントロールする親よりも問題は深刻であると考えています。少なくとも、臨床においては、この場合の方が治療は難しいと感じています。

a　子どもの気持ちや子どもが投げかけてくるものに鈍い親・敏感性の問題

どうも、子どもの気持ちや求めるものに対して感受性が鈍い親がいるようです。すでに述べた「敏感性」の低い親です。親子同席面接をしていて、子どもがつらい話をしていても、それについて「どう思いますか?」と母親に尋ねると、ピント外れの答えが返ってくる場面にしばしば出会います。悪意はないし、それなりに関わっていても、情緒的な感受性の鈍さというものは如何ともしがたいとも言えましょう。そのような親、特に母親に一人っ子として育てられる場合のことを考えると、ぞっとするものを感じます。子どものころから、誰にも響き合ってもらうこともなく、何かを投げかけても反応してもらいにくかった養育環境で育つことになるからです。このような子ども自身は、面接していても、感情に響かないし、コミュニケーションが深まりにくいと感じています。他人事のように、自分のことを語ることもあります。

リストカットを繰り返した高校二年の女の子の母親は、子どもが何らかの不安や悩みを訴えても、現実的に指示することとしかしない様子がうかがえました。例えば、不安に襲われてリストカットする娘に、「はい、包帯巻きなさい」「はい、薬を飲みなさい」「病院に行こうか」などという現実的で具体的な対応をするばかりで、子どもが何を苦しんでいるのかという視点が欠けていました。この母親は職場では有能な看護師で外科病棟の師長もしておられました。それゆえ、現実的な対処は適切にできるのですが、心理面に対する心遣いや感受性に欠けている様子がうかがえました。つまり、娘の気持ちに対するセンサーがほとんど働いていなかったのです。彼女は私との面接を熱心に繰り返し、自分に欠けているものが何であるかに気付き、徐々に、養育態度は改善されていきました。

親のさまざまな理由で、子どもから投げかけてくるサインに関心を向けている余裕がない場合もあるでしょう。これらは改善できます。余裕ができると子どもへの関心が高まり、感受性も高まることが多いからです。

子どもが生き生きとしているかどうかは、この母親の子どもの気持ちへのセンサーが敏感に働いているか否かにかかっているような気がしています。鈍い人でも、面接などで具体的に子どもの気持ちを話し合う時間を重ねると、そのセンサーが育ち、子どもとの関係が改善することをしばしば経験します。感受性が鈍いというより、子どもの見方が偏っていたり、子どもの投げかけているものに目が向いていないだけである場合も少なくありません。自分が鈍いのではないかと心配な母親は、養育相談などを受けることで、子どもの見方が変わり深まることも多いはずです。母親の感受性・「敏感性」は育てられるものです。

子どもは、愛されているという実感や、自分の気持ちに響いてくれるという体験を重ねることで、自己感覚が強化され、安定した自己像を形成していきます。それが、鈍い親との関係性では育ちにくいのです。しっかりと根の張った自己が育たないから、どうしても、浮き草のように漂うように生きやすい。対人関係も不安定になります。

アニメの『ちびまる子ちゃん』を見てみましょう。母親は家事をこなし忙しいために、それなりの共感性を示しますが、必ずしも感受性は高くないようです。姉はライバル的な存在だし、父親や祖母はまる子に関わることも少ない様子です。ただ、祖父だけが、まる子の無邪気で想像的なファンタジーに共感してくれます。二人でいろいろな冒険も試みます。もし、祖父の存在が無ければ、まる子の想像的・創造的な世界は誰にも共感してもらえず、萎えてしまった可能性が高いでしょう。まる子にとって祖父の存在は大きいのです。今は、そういう存在が家庭にいなくなりました。今や母親と二人だけという家庭が増えています。感受性の鈍い、あるいは低い親との二人だけの関係性で育ってくるというケースが急増しています。極めて深刻な問題だと感じています。

b　子どもへの関心が希薄な場合

親、特に母親にとって、子どもに対する関心よりも、より関心の強いものがあると、結果的に、子どもへの関心は希薄になります。希薄になる理由にはいろいろな場合があります。一つは、子ども以上に他に関心（例えば、異性に関心が強いなど）を強く抱いている場合です。典型的なのは母親であるよりは女性であることの方がはるかに強い傾向を示す母親です。今一つは、すでに述べたシックマザーのように自分の具合が悪かったりして、そのことに気持ちが向いて、子どもに気持ちが向きにくくなっている場合です。また、母親が未だ子どものままの心理状態にあり、自分が遊びたいことに気持ちが向いてしまう場合です。今一つは、他の家族メンバーに重い病いがあって、親がその子に関心を集中するために、本人への関心が薄らぐ場合です。

以下に述べる不登校でもあり、ほとんど何も話さないというので相談に来られたケースが、母親が母親になりきれずに女性的であり続けたケースに相当します。

一六歳の女の子が祖母に連れられて外来に来ました。女の子は祖母の横に座るのですが、ぼーっとした様子で身動き一つしません。表情もほとんどありません。かなり太っていました。祖母の話によれば、母親は水商売をやっていてほとんど不在だとのこと。離婚していて父親は幼少期からいない。一人っ子です。祖母が何とか家事などをしていたのですが、それ以外は疲れて子どもの相手もできなかったと言われます。

私の指示で母親が後に受診しましたが、子どもの話よりも、その折に付き合っている男性との関係をどうするかが話のテーマになってしまいました。言葉では「子どものことが心配です」とは言っていましたが、その外来受診の直後も男性とデートする約束をしているとのことです。その合間を縫って受診したようです。

女の子本人とはまったく会話が成り立ちませんでした。フリースペースに通ってもらい、担当者がマンツーマンで徹底的に世話をする・会話をすることから治療を始めたのを記憶しています。少しずつ話すようになり、好きな絵を描いて、スタッフの皆に見せるようにもなったのですが、登校するまでには至りませんでした。

また、こういうケースもありました。二歳下の弟が先天性の心臓疾患を抱えて生まれたため、親は息子の体調を気遣うことでいっぱいでした。その姉が思春期になって、誰をも愛せない、付き合っている人もいるが寂しくて仕方がないということで受診されました。容姿が優れているために、男性からはよく言い寄られると言います。でも、心の中が空っぽのような居たたまれない心細さに襲われると言います。一人の子どもに深刻な疾患があると、どうしても他の子どもに対する関心が希薄になりがちです。ある程度仕方がないことではあるのですが、そのような場合の親御さんは、健康な子どもの気持ちも考えてあげてほしいと思います。

また、知らぬ間に、子どもを世話役にしてしまうことで、その子への関心が低くなることもあります。親がいろいろ問題を抱えていて、それを子どもが心配してあるいは気遣って、親の世話をしている場合も、子どもは知らぬ間に、その役割を果たすようになります。このような子どもは**「ケアーテイカー」（世話役）**と呼ばれます。親子の世代間の役割が逆転しているとも言えましょう。ケアーテイカーの役割を、より幼いうちから果たさせられると、より問題は深刻になります。やはり、安定した愛情を受けるべき時に、それが受けられない状況になりがちです。

ある小学校六年の段階で不登校になった男の子は、一方的でエネルギーの高い父親に、母親が嫌々支配されている様子を見ていました。彼の母親の思い出は、家の奥の部屋でいつも泣いている姿でした。子どものころから、母親の気持ちを気遣い、母親をなだめることが多かったと言います。母親自身も、幼児期から男一人の彼に頼っていたとも言われます。そのため、元気に外遊びをしないで（現代では無理なのですが）、おとなしく家で過ごすことを嫌がって、「どうして外に遊びに行かないの」と不満を述べることが多かったとも言います。母親は、たくましい男の子を期待したのですね。その一方で、彼に、子どものころから何かと相談していたようです。彼自身は、青年期になると、母親が母親としての役割を果たせていないと言って激しく攻める時期もありました。何とか大学に通うようになっても、友人関係でいつも気をつかいすぎて疲れてしまうと言います。多少、対人恐怖的な傾向も見られました。

また、母親が慢性的に体調を崩して横になっていることが多く、家のことは何もできないために、母親役を果たさなくてはならなかった女性のケースもあります。これはシックマザーの子どもということもできますし、母親はうつ病であった可能性もあります。父親は仕事が多忙で、いつも、「お母さんは苦しんでいるので大切にしてやってほしい」と言って出かけてしまい、家のことはすべて彼女に任されていたとのことです。彼女も頑張って母親の世話もし、一人いた弟の世話も焼いていたのです。それも小学校の低学年ごろから、そのような生活が続いたと言います。彼女は長じては、働いても働いても、いつも不全感があり、心が穏やかであることがなかったというので受診されました。

長男長女が、弟や妹の世話をある程度することは問題にはならないと思いますが、健康に育つのは、自分も子どもとして、親から大切にされるという体験が伴っていればのことです。まだ子どもでいたいとき、**自分のしたいことを求め、それに応えてもらいたいときに、世話役に徹しなくてはならない状況は、子どもの素直な自己感覚が育つことを妨げます。**大家族であれば、このような状況でも、甘えられる対象を見出すのは難しくないのですが、核家族であると、世話役にならざるを得ない子は、どこまでも世話役しかさせられません。ここに悲劇が生まれるのです。

c 養育能力が低い場合――気まぐれな親など

子育てにおいて、子どもの投げかけてくる何らかのシグナル（cues）に対する感受性や、子どもの気持ちに響き合う共感性などとともに、問題解決の能力も必要です。第一子の時は、問題がどこにあるかもわかりづらいものです。それゆえ、多くの親は、養育に不安を抱き悩みながらなんとか対処しています。しかし、この対処能力・問題解決能力の低い親もいます。すでに触れた、泣きわめく乳飲み子の横でたばこをふかしていた親が、これに相当します。どうしてよいかわからないのです。しかも誰もサポートしてくれる人がいないことが多いのです。子育てというのは、難題を突き付けられるようなものでもあるのです。今や、子どもが子どもを育てているような親子も増えているような気がします。

また、感受性は豊かにあるのですが、一貫性がなく、気まぐれな親に育てられると、子どもは混乱し、安定した自己像を築くことが難しくなるようです。『不幸にする親』の「支離滅裂な親」に相当します。ベタベタとかわいがったかと思うと、突然、疎遠になったりする。ある時は、「これはダメ」と言っておきながら、別な機会には、それを奨励するなど、子どもを混乱させます。特に、親が子どものままの無邪気さで、気まぐれな関わりをもつ場合が、子どもを混乱させやすいようです。養育においては、ある程度の安定した一貫性が大切になります。

親の養育能力は子育てをしているうちに育つものと考えています。母親自身、自分の養育能力は少しずつ育っていくものだと考えるほうが良いでしょう。そして、可能な限り、相談できる人を、あるいはモデルとなるような人を、身近に持てることが望ましいと思います。

d　子どもに愛情を感じにくい親

母親の中には、子どもに愛情を感じにくいという人が時にいます。

一番、深刻なのは母親がまったく子どもに愛情を感じないという場合です。子どもは、母親からの愛情を与えられないと「愛情遮断症候群」と診断されるようなさまざまな症状を呈します。ある低身長、低体重ということで小児科を受診した四歳の子どもさんの場合、その母親はその子が生まれてから、まったく彼に関心が持てない自分に気付いたそうです。自分が産んだ子だという実感もわかなかったそうです。食事や身の回りの世話はされていましたが、愛情はまったく与えられていなかった様子でした。その子どもは能面のように無表情で、誰とも話したがらないような子でした。このようなケースをある小児科医が報告していますが[22]、このような場合は、親と離して養育するしかないと思います。子どもは病院で育てられ、いろいろな世話を受けることで回復していったそうです。私としては、この母親の生い立ちが気になるところですが、その点の報告はありませんのでわかりません。

私は子どもにまったく愛情を感じない母親というケースは診たことがありません。しかし、以下のような母親には稀ならずお会いします。私が、知的障害の子どもさんの通所施設に顧問で行っていたころの話です。子どもの世話はスタッフが十分にしてくれていたので、私は主に母親の相談に乗っていました。その中で、とても派手な服装でブランド物のバッグを持ったお母さんと面接しました。その母親は、明るい表情で「自分はとても子どもを愛していて、いろいろ世話をしています」と言われます。しかし、子どもが遊んでいるところを見ると、暗い顔をして元気がないのです。服も汚れていました。そこで、母親に、「障害のあるお子さんを育てるのは、本当はとてもつらいのではないですか?」と、私としては共感的に尋ねました。すると突然、表情が変わり、「つらいんです」と言って泣き始めました。そしてこう言われました。「本当は、この子を見るたびに、嫌悪感を感じてしまうのです。どうして、うちの子がこんな障害を抱えたのか。この子は本当に私の子なのか。馬鹿なことをやると嫌で嫌で仕方がないのです。いっそ消えてほしいのです」と泣かれました。彼女は、表面上は良い母親を自分自身に対しても演じていたのですが、それが崩れたのです。やがてわかったのは、母親は、最低限の世話はしていましたが、なるべく、子どものことを考えないように、外に遊びに出るようにしてきたとのことでした。しかし、この面接をきっかけに、自分の本当の気持ちに触れ、もう一度、しっかりと子どもと向き合おうという気持ちになられました。時に、母親は、愛情を感じにくい子に対して、心の中から消してしまおうとするものです。心理学的には、嫌なものを見ないようにする、気付かないようにする**「否認」**の規制が働くのです。何となく、うまくいかない子どもがいたら、自分の中に無意識の嫌悪感がないか見直してみてください。

e　親を愛せない子・親とフィーリングが合わない子

気まぐれであるとか、男ばかりを追いかけているとか、家の中がめちゃくちゃだとか、いつも情けない格好をしている母親は、子どもから見て、愛せない対象になる場合も少なくないようです。こういう場合は、子どもは深い孤独を感ずるものです。**親を愛せないつらさは愛されないつらさとは異質なつらさのようです。**愛するということを親との関係性で学べなかったために、長じても、人を愛せないという悩みを抱きかねないようです。結果、一人で生きるようになるか、愛せる人を探しては挫折するという生き方になりかねません。

また、母親が男尊女卑的な考えであり、常に父親を立て、女性はひたすら男性に頼るしか生きられないのだという生き方をしていると、その娘が、その母親を知らぬ間にモデルとして、女性は無力なのだと考えるようになり、無力な自分も無力な母親をも愛せないという気持ちになります。やがて思春期になると、力があると思っている男性に愛されることが何より大切な生き方となりやすく、男性を理想化し、男性から愛されることを何よりも大切な生き方となりやすいようです。しかし、心の底には深い無力感、自己嫌悪感があるので、自分を愛せない上に、まったく自信がないのです。そのため、何か問題が起きると混乱し、バランスを崩して身体症状を出したり、男性にしがみつこうとするようになります。ヒステリーという病気を発症する女性に多い親子関係です。女性にとって母親が良きモデルとなることが大切なようです（男性にも言えることではありますが）。

また、何となく、フィーリングが合わず、子どもといても、楽しくなく、妙に緊張するという親子関係もあります。親と子どもとの触れ合いがぎくしゃくし、子どもも心を閉じているような態度を示すこともあります。多くの場合は、下に妹が生まれて姉として遠慮するようになって心を閉ざしたとか、親の体調が悪そうなので、やはり、遠慮して甘えなくなったなどのために、何か不協和音が起きている場合が多いようです。このような態度をとられると、母親は何か愛せなさ、親しみがわかない戸惑いを感じやすくなります。つまり、甘えてこない子になります。こういう場合は、子どもが何らかの理由で、心を閉ざして、甘えなくなり距離をとっている可能性を親は考えるべきです。そして、子どもの態度から、少しずつ、子どもの気持ちを感じ取るようにすると、子どもの気持ちがわかるようになり、子どもの気持ちを親が感じ取れるようになると、子どもも素直になって自分の気持ちを表すようになることが多いようです。

子どもとフィーリングが合わないと感じたら、子どもが母親に心を閉ざしているか、母親からの愛情を諦めようとしているか、何らかのミスコミュニケーションが起きているのではないかと関係性を見直してほしいものです。

5 不安・緊張の強い親――子どもはその不安・緊張のために萎縮したり、ピリピリする

親が強い不安や緊張感あるいは不満の伴った怒りを抱いていると、知らないうちに子どもに影響を与えてしまいます。『DC:0-3R』の「Anxious/Tense」「Angry/Hostile」の養育態度に相当します。子どもは、不安が強かったり、緊張の強い子になりがちです。また、萎縮しがちであったり、イライラすることの多い子にもなりやすいようです。その結果、学校に行けなくなったり、発熱などさまざまな身体症状を出すことも多いようです。しかし、親からの影響が子どもにとって我慢できる程度、あるいは症状を出さないでいられる程度であれば、子どもは慎重になりなるべく波風を立てないようにするため、「素直で親の言うことを聞く良い子」として学童期を過ごすこともあります。しかし、思春期前後には不安性障害などを発症しがちです。すでに述べた「強迫的にコントロールする親」は不安も緊張も強いことが多いものです。「不安の先取り型」の親も不安が強い。「きちんと型」は不満・怒りを抱くことが多い。そして、この不安や緊張そのものが問題となるケースも少なくないのです。

a　不安も緊張も強かった母親

ある小学校四年で不登校になった男の子は、姑と母親とがいがみ合う家庭に長男として生まれました。母親は、何かにつけて文句を言う姑に辟易していて、家には居場所がないと感じていました。夫は、やさしいが頼りにはならない人で、彼女を守ってくれることより、姑の言いなりになることが多かったと言います。

彼は、学校にいると「母親が死んでしまったのではないか」という考えが浮かび、不安になるため学校に行けないという、平均的な不登校より不安の強い子でした。

母親は、思い出してみれば、彼を育てていたときは、姑のことでいつもイライラしていて、そのはけ口になってくれたのが彼だったと言います。「○○しなさい、△△しなさい」と指示する口調にも、どうしてもイライラがつきまとってしまったと反省しておられました。「自分はとても不幸だ、この子に何とか救ってもらいたい」とも思っていたと言われます。息子の世話は懸命にしていたのですが、その緊張感、不満、寄る辺ない不安といった感情が彼に影響したものと考えられます。その思いが「母親が死んでいるのではないか」という不安を彼に抱かせたものとも考えられます。

私が、母親のつらい気持ちを丁寧に聞き、彼女の不安・イライラが緩和され、心理状態が安定していくにしたがって、彼は少しずつ立ち直り、一年後には登校を再開するようになりましたが、成人してからは、ストレスがかかるとパニック発作を起こすようになりました。

b　不安の強かった母親

小学校三年のときに不登校になった男の子。彼は、乳児期は父親の仕事の関係でシンガポールで過ごしましたが、幼稚園の年長のときに家族は帰国しました。母親はシンガポールの文化を気に入っており、友人も多かったので、いろいろな活動に参加していたと言います。しかし、帰国した後は、まったく周囲に溶け込めず、不安焦燥感の強い心理状態に陥りました。「いつも不安で仕方がない」というのが口癖でした。

母親は近くのクリニックに三〜四年通ったのですが、薬を処方されるだけといった治療だったためか治らず、息子が不登校になったのをきっかけに、私のクリニックを受診されたのです。彼は一見元気そうに見えましたが、極めて慎重な様子でした。そして暗闇を極端に恐れる傾向もありました。

その後、母親が元気に動き始めたころ、彼も一人で外出できるようになりはしましたが、思春期に入ったころから、より慎重な傾向が強くなり、「これで大丈夫？」という質問を何度も繰り返すという確認癖が出てきました。

もちろん、母親の不安傾向だけが彼の症状のすべての原因であるというわけではないでしょう。引っ越し、文化の違う日本での新たな生活などが、さまざまに影響したことも考えられます。しかし、そのような新たな状況に置かれたとき、子どもは母親の様子を見ながら、状況を認識していくものなのです。母親が不安に怯えているのを感じると、「この状況は危険なものに違いない」と構えることになります。すると、ますます不安が強くなります。父親は多忙で出張が多かったため、母親の不安を受け止めたり、方向を修正してくれたりする人が家庭にはいなかったのです。母子は孤立していました。

c 不安の共鳴現象・不満のぶつけ合い

このように、不安、緊張などの気分や気持ちがあふれている母親に育てられ、それをサポートする人がいない場合は、子どもも不安や緊張感を抱きやすくなるようです。

親が、自分の強い不安を子どもには隠せていると思っても、意外と子どもは感じ取っているものです。母親の不安が子どもに響くという意味で、**「不安の共鳴現象」**という言葉があるほどです。

また、**「傍観者の外傷体験」**という言葉もあります。これは、直接、子どもに攻撃的にならなくとも、両親が激しく争う姿を傍観しているだけで、子どもにとっては外傷体験になり得るという意味です。同じように、母親に強い緊張感がある場合、そのキリキリしている感情を、子どもに向けるのではなくとも、誰かに向けているのを見せるだけで、子どもに悪影響を与えてしまうこともありえます。

ある青年は、自分の容姿をひどく醜いものという悩みを抱いていました。彼の幼少期は、両親の喧嘩が絶えず、それを見るにつけ、なるべく波風の立たないことを何より心がけるようになったと言います。そのため、幼児期から、人前に立ったり、目立つことを極度に恐れたとのことです。何かが起きる可能性があるからです。とにかく、皆の中に溶け込んで目立たないでいることが何より安心感を抱かせたと言います。ところが思春期になり身長が急速に伸びました。体もいかつくなりました。しかも、周囲よりも早熟だったので、いかつい大きな体形が目立ってきてしまい、それがとても醜いもの、獣のように感じられるようになり、人中に入れず不登校にもなってしまいました。

また、やはり思春期に自分の容姿が醜い（実際はかわいい容姿の方）と悩まれた女性は、自分の家庭を、父も母も兄も皆、文句の言い合いばかりの関係だったと言われます。互いに文句を言い合うので、少しも心が安らがなかったと言います。母親はそのためもあって、娘さんに、お稽古ごとを鬼のように（彼女の言葉）やらせたと言います。ピアノを弾くときは怖くて怖くて仕方がなかったと言います。小学校のころには、下痢などいろいろな身体症状を出して苦しみました。また、妹が極めて容姿が優れていたことも影響して、思春期に容姿の醜さへのこだわりに悩まれるようになりましたし、自分が母親になってからは、自分が自分の母親のように子どもを苦しめてしまうのではないかということも悩んでおられました。思春期に容姿をひどく醜いと悩む病気を**「身体醜形障害」**といいます。身体醜形障害の母親に多いのは、不安が強い一方で、何とかしようという押しの強い特徴があります。本人も、とても似たような性格をしていることが多いようです。不安の抱きやすさと、何とかしようとする押しの強さが、容姿への不満に向かうと身体醜形障害になりやすいと考えています[31]。

このように、不安や緊張の強い子は慎重になり冒険もしません。波風の立たないことを何より大事にするような子になります。学童期はおとなしく、言われたことをそれなりにこなす「良い子」として過ごすことが多いようです。そのため、子ども自身はもちろん、親も、子どもの心に潜む不安に気付かないことが多いのです。思春期になって、新しい局面に出会うことで、その不安が意識されるようになり、さまざまな症状を呈するようになります。特に不安性障害になりやすい。不安性障害の代表的なものは、対人不安、場所や一定の空間を恐れる空間恐怖、何か悪いことが起きるのではないかという強迫的な不安などなどです。

6　子どもにどのような悪影響を与えてしまうのか――「良い子の悲劇」など

これまで述べた問題のある親子関係は、子どもにどのような悪影響を与えてしまうのでしょうか。その点を考えてみたいと思います。ただ、虐待については、多様な影響を受け多彩な症状も見られますので、ここでは触れません。

a　子どもの気持ちを感じ取れないために、子どもは自分の本当の気持ちがわからなくなる――健康な「自己感覚」が育たない――「自己の障害」の問題

まず、コントロールしすぎ、強迫的、過干渉、自己愛などの親の思い込みの強い場合や、一

方的な溺愛、不安の先取り型、きちんと型、子どもを世話役にしてしまう親、子どもの気持ちを決めつける投影型の親などは、親の気持ちや欲求や思い込みが強いために、あるいは優先しているため、子どもの気持ちや、子どもが何を求めているかという子どもの示すさまざまな徴候（cues）を見逃しやすくなります。あるいは、それらに対する感受性・敏感性が鈍くなり、子どもの気持ちへの鋭敏なアンテナを張ることができないのです。簡単に言えば、子どもの状態や気持ち、そして、子どもが求めるものに対して鈍くなってしまうのです。

反対に、子どもへの関心が薄い親、子どもが投げかけてくるものに鈍い親、気まぐれな親なども当然、子どもの気持ちや子どもから投げかけられる何らかの合図（cues）に鈍くならざるを得ません。

このように親の気持ちや都合が勝っている場合も、親の子どもへの関心の希薄な場合もともに、子ども固有の気持ちや欲求に鈍くなるということでは、同じ影響を与えることになります。

子どもは、特に幼児期に、自分の心理状態について、親が自分の欲求や不満に気付いていてくれることによって、初めて、自分の気持ちを強く感じ取ることができるものです。例えば、何となくお腹がすいているような気がしている時に（ここまでは生理的な現象です）、タイミングよく、母親がそれを感じ取り、「あー、あなたはお腹がすいたのね」と言葉でも言ってくれて、おっぱいを差し出してくれると、子どもは、「これがお腹がすくということか」という体感をしっかり感じ取ることができます。そのうえ、おっぱいを飲むことで満足感が湧き、そして、母親の「お腹がすいたのね」という言葉で、一層、自分の生理的な体験を人間的な体験として経験することになります。これが人の基本的な自己感覚を強くする体験です。同時に、母子間に生き生きとした心のコミュニケーションが生まれます。

また、子どもが悲しがったり、喜んだりした時に、親が情緒的に響いてあげられれば、子どもの感情が深まりますし、共感的な能力も身につく可能性が高いのです。そして、子どもが喜びなどを投げかけたときに、親がそれに響いてあげれば(mirroring)、子どもは人と響き合うことの喜びを体験するとともに、響き合うことで自分の情緒を強く体験でき、やはり、強固な自己感覚が身につくことになります(mirroringの重要性については「自己心理学」を参考にすること)。例えば、子どもが歩き始めて、何かを達成したような喜びを抱いているときに、母親が「何々ちゃんすごいね、歩けたのね」と言葉をかけるとともに、喜びを投げかけると、子どもの自己充実感は強固なものとなり、それが強い自己感覚を育て、長ずると安定した自己肯定感につながります。

そして、子どもが何を欲しているか、何をしたがっているか、何に興味を持っているかという様子に対して敏感であれば、子どもの興味・欲求に沿って、親は働きかけるので、**子どもは自分の内発的な欲求に沿って、思う存分に探索行動ができ、自分の欲求にも敏感になり、自分の好奇心・欲求に沿って、やり抜くことの楽しさを身につけることができます。このような好奇心・主体性のベースとなるのが自己感覚なのです。**

例えば、すべてではありませんが、摂食障害の娘さんも、痩せたいとか、食べたくないという気持ちは強烈なのですが、さまざまな生活場面で関わると、本当に自分が何を欲しているとか、何を感じているか、などという感覚がとても希薄であることが多いのです。また、子どもの投げかけてくるものに関心が低く、応える機会が少ない親に育てられると、やはり、自己感覚は希薄になります。自己感覚が希薄になると、ぼんやりした子になるか、自分の状況内での体験をしっかり感じ取り、それに伴って湧き上がる気持ちに沿って行動することが苦手になります。そのため、集中力に欠けたり、興味関心がその場その場で移り変わりやすくなり、一見、ＡＤＨＤ的な様子を示す子になります。うつ病の母親の子がＡＤＨＤ的な症状を示すのは、そのためかと思います。また、自己感覚が希薄だと他者との接触そのものがつらくなり、不登校にも対人恐怖症的にもなりがちです。

健康な子どもの自己感覚というものは、これまで述べた過剰なコントロール、過干渉、親の思い込みの強さなどや、反対に、無関心や気まぐれなどの養育態度で育てられると、子どもから投げかけられるものに親が鈍感になるため、深く損なわれてしまいがちです。それをマスターソンという精神分析医は「**自己の障害**」と呼びました。**この自己の障害を抱えると、人生のスタートラインで自分の核となるべきものが損なわれてしまうのです。これほどの悲劇はありません。自分が何を欲しているのか、自分が何を感じているのかさえ曖昧になってしまうのです。生き生きしている子どもと、どことなくどんよりしている子どもとの差は、この自己感覚の輝き**

の差によるもののようです。

b　子どもの主体性・自律性を育てない養育態度

また、親がコントロール型・自己愛型・強迫型・不安の先取り型・きちんと型のような過干渉的であれば、子どもの自発性・主体性が損なわれる可能性が高いのはおわかりでしょう。ケアーテイカーも、親の自己愛を満たそうとばかりした子も、また、受け身的な生き方にもなりかねません。自分で自分のしたいことを感じ取り、それを実行に移すことができにくいということは、子どもたちを途方に暮れさせてしまいます。極端な場合は、何をしてよいか、何をしたいのかがまったくわからないのです。現代は、親に手をかけられ、習い事に行けばインストラクターがいて、すべきことを指示するので、それに沿って行動することを幼児期から身につけさせられます。そのため、平均的な家に育っても、昔の外遊びで子どもたちが群れて遊んだ時代に比べると、主体性や自律性、あるいは創造性などの力は全体に落ちてきているようです(「はじめに」参照)。それだからこそ、一層、親は、家庭では、子どもの主体性を大切に育てなければならないと思います。**子どもの好奇心に敏感であり、その好奇心に働きかけて興味を持ったことにエネルギーを注ぐことを身につけさせることが重要です。**

主体性・自律性が最も低下しているのが、ひきこもりや不登校かと思います。

c　役割としての自分となってしまう――自己嫌悪・葛藤

コントロール型や自己愛型の親に育てられたり、思い込みの強い投影型の親に育てられると、本来の自分が育ちにくく、期待される役割の自分、すなわち**「役割としての自分」**・**「偽りの自分」**で生きることになりやすいのです。いつもどこかで、こんな自分ではないという気持ちを抱き続けることになりますし、本当の自分の部分について否定しなくてはならないので、自分を嫌いになることにもつながります。つまり自己嫌悪に陥りやすいのです。対人恐怖などの神経症的な悩みの多くは、自己嫌悪・自己否定に苦しんでいることが多いのですが、そのような場合、本来の自分を否認して、期待される自分・偽りの自己を生きているのではないかと考える必要があります（「偽りの自己論」については「対人関係論」に詳しい）。

また、飯島愛さんに典型的に見られますが、親の期待する「良い子」を生き続けると、役割としての「良い子」と、本当の自分との間に葛藤が生じます。葛藤は、人の苦しむ一つの典型的な苦しみ方です。又、葛藤状態は同時に自己嫌悪に陥りやすいのです。なぜなら、本当の自分を受け入れられた体験が希薄なため、自分自身を受け入れられず、自己否定・自己嫌悪になりがちだからです。**「良い子の悲劇」**です。

また、親の自己愛からの欲求に応えられないとか、親の求めるようにきちんとできない自分なども嫌いになりがちです。やはり自己嫌悪になりかねません。自分を受け入れられなくなるのです。それと同じように、親の態度としては反対ですが、気まぐれな親や、子どもに関心が薄い親に育てられると、自分を大事にする態度、自分自身を受け入れる態度が身につかず、自分自身への肯定感などが育たないのです。その結果、自己嫌悪に陥りやすいのです。多くの生きづらい気持ちの背後に葛藤や自己嫌悪が潜んでいるものです。

自分のことが受け入れられない、自分が嫌いでたまらないと感じているようでしたら、一度、その自己嫌悪や自己否定が、どのような生い立ちによるものかをカウンセリングの力を借りてもよいですから、見直されることをお勧めします。「偽りの自分」で生き続けたり、自己嫌悪を抱いて生き続けるほど苦しいものはありません。

d　不安・緊張の中で育てられる子どもにはさまざまな不安性障害が起きやすい

親や家族全体が、常に、不安・緊張・不満・怒りに満ちた環境で暮らすと、子どもは、この世は恐ろしいものに満ちており、安心できない世界だというイメージを抱くことになります。そのため、萎縮したり、何とか対処しようとして、強迫的な儀式に走って強迫性障害を発症したり、パニック障害などの不安性障害に陥る可能性が高いのです。特に両親の不仲や、母親と姑の確執などが問題になりやすいし、きちんと型の親も、緊張感がありますし、子どもに不満を持ちやすいので気を付けるべきでしょう。

e　愛されないと自己嫌悪に陥りやすい、悲しみの中で育つと生き生きと生きられない

面接をしていても、十分に愛された子どもや若者というものは、表情に明るさや生き生きとした感じがあります。しかし、反対に、親に関心を向けられなかったり、愛されなかったり、気まぐれな愛し方をされると、子どもは、どこか静かで固まっている様子があるか、不安定に漂っているような子になりがちです。話をすると自分自身に関心がないという場合もあります。生きていることに関心が薄いという場合もあります。やはり、**生き生きと生きることと、愛されて育つこととはつながっているように思います。**

時に、女性に多いのですが、母親が、子どもにしっかりと安定した愛情を向けることが無く、男性関係を転々とする場合があります。性的な関係を求められることで愛されることの保証としようとしているようにも思えます。このような女性は、しばらく一人の男性と付き合うと、安定した愛情関係に移行しにくいので、再び、転々とします。このような母親の場合も、しっかり愛されなかった悲劇からきている可能性があります。ラブアディクションがすべてではないのですが、ある程度は、このような心理状態で愛を乞い求め続けている可能性があると思います。ある作家が、強烈な恋愛をする女性の多くは、親との関係、特に母親との関係が悪かった女性に多いと言っていましたが、あながち、間違っていないかもしれません。

7 病態との関係

a 不登校を中心に

不登校というのは病名ではありません。体の病気や他の社会的事情がないのに長期に欠席している場合を意味します。そのため、不登校にはさまざまなタイプがあり、いろいろと分類などもされ考察されてきました。私は、不登校については、これまで述べた親の養育態度から以下のように考えています。

まず、不安・緊張の強い養育環境で育てられた子は、外界が不安に満ちているもの、怖いものと映っていますから、何か学校でつらい体験があると休みやすいようです。また、溺愛的に育てられた子も、外界のつらい体験に限らず、特別扱いされないことへの不満があったり、枠にはまることすら抵抗を感ずることがあるので、登校しにくくなります。このような子は、ともに、小学校低学年から不登校になりやすいようです。

コントロールの強い母親や不安の先取り型の親に育てられた子どもは、小学校ごろまではきつい枠組みで育つので、学校は容易に通いやすいのです。しかし、思春期に入ると、自分で物事を決めたり、対人関係でも自分の気持ちで決めなければならないことが増えます。言われるままに生きてきた子は、主体性・自律性が育っていないため自分から動くことができず、この思春期の対人関係を乗り越えられないのです。つまり、自分から対人関係を結ぶことができず、何をしてよいかわからないまま、途方に暮れて不登校に陥りやすいのです。彼らは、友人と何を雑談してよいかもわからないことが多いのです。また、世話役を担ってきた子も、役割ばかりを果たしていたため、主体性が伸びないことが多く、自分で主体的に決めることが多くなる思春期で破たんしやすいのです。

自己愛的な親の期待する役割を果たしてきた子や、思い込みの強い投影型の親に育てられた子は、相手や他者が自分に何を期待しているかを考えすぎるので、それにがんじがらめになって身動きが取れずに対人意識過剰になり、対人恐怖的になります。そして、それが苦しくて不登校になりやすいようです。不登校については、子どもの主体性・自律性が育っていないことが問題となることが多いのですが、それとともに、他者との自分なりのコミュニケーションができないことも問題となりやすいようです。そして、他者とのコミュニケーションのためには、自分が何を話したいのか、どの程度の距離で付き合いたいのかを感じ取る自己感覚が育っている必要がありますし、どこまで共感すべきものかを、ある程度自分で決められる力が育っていることが必要なようです。つまり、自分が何を感じているのかという自己感覚が育っているとともに、他者との共感能力がある程度育っていることが必要なようです。この能力に問題があると思春期に不登校になりやすいようです。

b　他の疾患との関連

精神疾患には、さまざまなものがありますが、代表的なのは統合失調症、感情障害、各種の神経症障害でしょう。統合失調症と躁うつ病と言われてきた双極性感情障害および重度のうつ病は遺伝との関連も研究されており、親子関係はそれほど関与していないと思われます（異なる意見も少しはありますが）。重症の強迫性障害も、そして一部の神経症的障害も何らかの生理的な発症のメカニズムが関与している可能性は高いと思います。しかし、それ以外の病態、軽症うつ病、軽症の強迫性障害を含む他の神経症（対人恐怖症、全般性不安障害、パニック障害、ヒステリー、身体醜形障害などなど）や、摂食障害やさまざまな心身症などには、本章で述べた問題のある親子関係が関係しているものと思います。ですから、親子関係を健全なものにすれば、それが早ければ早いほど、このような病態は防ぐことが可能だと考えています。

しかし、**これらの病態に、親の養育態度が関連している可能性は高いのですが、まったく、親の養育態度に問題が無くとも発症することもあるので、親の養育態度と病態との関連は直線的な因果関係のようにはいかないようです。**そういう意味では、子どもがこのような病態に陥った場合、一度は、自分の養育態度を振り返ってみてはほしいのですが、自分のせいだと決めつけて責めないでいただきたいと思います。

つまり、子どもの側の要因も考えなくてはならないということです。同じように過剰なコントールを受けて育っても、元気に育つ子はいるようです。どうも、**子どもにも親の養育態度が**

直接に響きやすい子と、比較的、響きにくい子がいるような気もしています。それが何によるかはわからないのですが、影響を受けやすい子は、素直で、周囲からの刺激を身につけやすい子に多いような気がしています。しかし、これは証明もできないので、私の印象として述べておきたいと思います。良い子ほど、素直な子ほど、柔軟な子ほど、養育環境が強く影響するように感じています。少なくとも、すべてが母親の養育態度で決まるわけではないことは考えておかねばならないと思います。

繰り返しになるかもしれませんが、私の何十年かにわたる経験から言わせてもらいますと、病理につながる深い自己否定・自己嫌悪や、確固たる自己感覚・自律性・主体性を持てないことには、やはり母親（父親が母親代わりをしていれば父親）との問題が存在していると思います。つまり、さまざまな神経症や不適応のベースには、問題のある親子関係が存在するということです。逆に言えば、健やかな親子関係であれば、子どもはさまざまな生活のストレスに対しても、それなりに乗り越えていけるものと考えます。例えば、ひどく容姿で姉に負ける妹がいたとします。もし、母親が、容姿ゆえに姉ばかりをかわいがり、妹に関心を向けないようであれば、この妹さんは、神経症的な苦しみ・自己嫌悪を抱くことになりかねないと思います。しかし、母親が、容姿で差別せず、姉妹共に十分慈しんで育てれば、妹は多少の容姿の劣等感を抱くことがあっても元気に生きられるものと思います。

また、思春期は自己嫌悪に陥りやすい時期です。それは発達に伴って、自分自身を第三者的に観察するメタ認知が可能になるからであるとともに、外界を正確に観察できる力が育つからです。そのため、自分や他者のダメなところが目につき、自己嫌悪、時には他者嫌悪にも陥りやすいのですが、親との関係が健全であれば、容易にこの思春期危機を乗り越えられると思います。思春期危機に深く落ち込み悩む子には、ベースにこれまで述べた親との関係性が存在しているものと考えています。

元気に過ごせる必須条件は、安定した自己感覚を持つことであり、健康な自己受容であり、自己肯定感なのです。そして、それをベースにした自律性・主体性が育っていることです。それを育てる存在こそが母親なのです。

第三章

「養育能力格差社会」の光の側面

――伸びやかに才能を育む養育態度、一流のアスリートなどを育てた親の態度前章では、「養育能力格差社会」の影の側面を述べましたので、やや暗い話、重い話が続きました。これからは「養育能力格差社会」の光の側面を述べていきます。夢のある話が続きます。それは、卓球の愛ちゃんなどのように、子どもの才能をトップレベルにまで育む親が多数いる時代になったということです。そのような子どもの多くは、幼少期から、昔で言えば天才教育と言われた育てられ方をしています。逆に言えば、今や、一般の家庭においても、天才教育的な育て方、すなわち、一人の子に徹底的な教育指導ができる時代になったということです。これは、少子化・少数家族化の光の面でもあるのです。子どもが一人、あるいは、せいぜい二人であることから、子どもたちは、幼少期から十分に手をかけてもらい、何らかのスポーツや楽器などに親しませてもらい、そして、親以外にも、優れたコーチに教育を受け、その才能を十二分に伸ばしていける環境で育てられるようになったのです。今や、平均的な家庭でも、そういうことが可能な時代になったのです。

私は、一流の子どもが育つ条件には、第一章で述べた健やかに子どもが育つ条件に加えて、子ども自身の才能と集中力と持続力、そして、親の子どもを見る鋭い観察力と集中力および持続力が必要だと考えています。それぞれの育ちの様子を見ると、子どものやる気のすごさ、持続力のすごさとともに、親のサポートのすごさには驚かされます。この集中的な親のサポートは少子化であるがゆえに可能になったとも言えましょう。聞くところによると、萩野公介選手の母親は、彼が子どものころ、毎日往復二時間もかかるプールの送り迎えをしていたうえに、栄養学も学んで必死に良い食生活をさせることに努めたとのことですし、千住真理子さんの母親の手記によれば、江藤俊哉先生に習うために、嵐の日もビショビショになりながらも、何とか車で送り届けたエピソードが述べられています。親御さんも必死なのです。そして、すごいエネルギーで子どもをサポートしている様子がうかがえます。

今や、その気になれば、子どもを集中的に教育・指導することが容易になった時代なのです。多くの方が、可能であれば子どもの潜在的な才能を伸ばしてやりたいと考えているでしょう。しかし、下手な天才教育的アプローチは、タイガー・マザーのような過剰なコントロールにもなりやすく、一歩間違えると、悩める子に育ててしまう危険性もあるのです。天才バイオリニストである五嶋みどりさんも思春期に摂食障害を患ったので、もしかしたら養育環境に問題のある育てられ方をされたのかもしれません。

本章では、伸びやかに才能を育むことができた三人の親御さんを取り上げて、健やかな中に才能を伸ばす養育環境とはどのようなものかを述べたいと思います。それを通じて、前章で見た、悩む子を育む育て方とのコントラストを感じていただきたいのです。そこには、何が決定的に異なるのかを感じ取ってほしいと思います。

何度も言いますが、少子化・少数家族化においては、親の問題点が決定的に影響しやすく、時に救いようのないほどの深い問題を与えることになり得るのですが、一方で、良い世話を焼くことで、一流のアスリートやアーティストを育て得る環境なのです。このことを肝に銘じておいていただきたいと思います。

本章に取り上げるのは、プロテニスプレーヤーの杉山愛さんの母親の杉山芙沙子さん、ピアニストの辻井伸行さんの母親の辻井いつ子さん、そして、子ども四人を東大の理Ⅲ（医学部）に入学させた佐藤亮子さんの三名です。何故、この三名かといえば、皆、ジャンルが異なることも大切なことですが、それぞれが自分の養育状況を本として出版されているので、かなり詳細に養育状況が把握できるからです。私は、それに加えて、幸運にも辻井いつ子さんとのインタビューができましたので、それぞれの本と辻井さんとのインタビューをベースにして、養育上のポイントを明確にできたのではないかと思っています。

今や、どの家庭でも天才教育は可能です。だからこそ、子どもに何らかの才能がありそうだと思ったら、本章を参考に子どもの才能を伸ばしてあげてほしいのです。

A　プロテニスプレーヤー杉山愛さんの母・杉山芙沙子さんの場合

まず、芙沙子さんの著書『一流選手の親はどこが違うのか[18]』に述べられている内容で、私が養育にとても大切で、子どもに良い影響を与えたであろう所を要約して述べたいと思います。

1　子どもを独立した存在として畏敬の念を持っている

まず、子どもを一人の独立した存在という、ある種の畏敬の念を持って見ておられることが感じられます。それは、こんな言葉にも表れています。

「生まれてくれれば子供は全く別の人格であり、決して親の所有物ではないことを認識しなくてはいけないと強く思っています。子供は社会からの預かりものであり、私達に託された子供は私達の教育方針で育て、やがて社会にお返しするものだと思います」

このように、前章でみたような、子どもを自分の一部のように見ていたり、自分の期待を満たしてくれる存在としてしか見ない親との違いが、その基本姿勢に見られることがわかります。

2　子どものことをよく見ている

次に大切な態度としては、何よりも子どものことをよく見ているということです。芙沙子さんはきめ細かに子どもをよく見ています。言いかえれば、自分の勝手な色眼鏡で、一方的なイメージや思い込みを持って子どもを見ていないということです。芙沙子さんは、テニスのコーチもしておられましたから、多くの人を個別に細かく見る観察眼が身に備わったのかもしれません。とにかく、子どもたちの変化や個性をよく感じ取っておられます。

例えば、コーチとしてはこんな言葉があります。

「それぞれの選手にはそれぞれの選手毎に大事な時期があり、その時にその選手にあった適切なコーチが適切に指導をすることが重要になってきます」

「子どもは日々成長しているのですから、その成長に見合った成長をコーチも親もしていく必要があります」

「子供の頃から愛を見続けてきた私は、愛のテニスが崩れた時、どこの動きがどう違っているのか、一瞬で見抜くことができます」

これらの言葉からわかることは、芙沙子さんが、個々の選手をそれぞれに大切にし、しかも、時間的にも変化するものと考え、コーチや親は、それに沿うことが大切だと考えておられることです。もちろん、愛さんのことも、子どもとしても一選手としても丁寧に鋭く見つめておられます。

3 生活に程よいリズムがある

次に良い点は生活にリズムがあることです。しかも、緩やかな柔軟性の伴うリズムの枠組みです。

こんな記述があります。

「まず心がけたのは、生活のリズム作りです。毎朝早く出かける夫を送り出し、掃除・洗濯を済ませた後は、愛を連れて公園へ散歩に出かけます。最初の頃はミルク、次に離乳食、そのうちお弁当を持って、雨の日以外は公園へ、海へ、山へと出かけていきました」

とても素晴らしい日々だったと思います。そして何より、素敵だなと思うのは、母親のリズム作りが頑なでなく柔軟だということです。以下のような記述がみられます。

「だいたいの基本生活リズムは、予想より早く確立できましたが、予定通りにいかない日の方が多かったかも知れません。愛がいつもの時間に寝てくれなかったり、散歩から帰った後にお風呂に入らないまま寝てしまったりもしましたが、『まあ、いいか』とあまり厳しく考えることはありませんでした。無理にリズムを保とうとすれば愛も私もストレスが溜まることが解っていたので、自分に逃げ道を作っておいたのです」

この態度こそ、「コントロール型の親」「強迫的な親」「きちんと型の親」と決定的に異なるのです。

また、このような記述もあります。

「さっきまでにこにこしていたのに突然泣き出すことはありました。でも、子どもはそういうものなんだ、そういう時もあるんだ、と受け止め、丸ごと日常生活に組み込んでいたので、そんなにストレスを溜めなくて済んだ」

この態度こそ、決定的に不安を抱きやすい親と異なる態度です。

このような態度も、予定通りにいかない子どもや、予想を外されて混乱し、不安に追い込まれたり、時には、不満や怒りになりそうな親との違いがわかる柔軟性であり包容力だと思います。

このように芙沙子さんの養育には、一定の枠組みやリズムを大切にしながらも、子どもをそれにはめ込むのではなく、子どもの内的なリズムや自然の動きや気持ちや状態を大切にし、それに沿って養育するという柔軟な態度が見られます。素晴らしいことです。

「私自身が『こうでなくてはいけない！』と硬く考えなくて済む性格であったことも大きい

かも知れません」とも言われています。

このような柔軟性がとても大切です。子どもはタイガー・マザーのような「こうでなくてはならない」という態度で育てられるとひどく窮屈に感ずるものです。

4 待つ姿勢の大切さ

また、「待つ」姿勢も大切です。

こんなエピソードが述べられています。このエピソードは第一章で述べた「蝶結び」のエピソードに似ています。

愛さんが初めて、靴の紐を結ぼうとした時に、芙沙子さんは、「『愛ちゃん、自分で紐、結べる?』『うん、できるよ』（中略）『やって見せて』と告げて途中で手を出さず、最後まで待ちました。おそらく30分くらいは待ったと思います」

しばしば、問題あるお母さんは、待つことが下手な方が多いように感じます。待つということは、子どもの主体性・自主性を大切にするとともに、自分で試行錯誤していろいろと自分のペースで達成する体験をさせる必要条件です。**子どもが子どものペースを大切にするには、親は「待つ」ことが大切なのです。これは子どもを侵害しないことにつながります。**

5　楽しく育児をすること

そして、何より、芙沙子さんの育児で素晴らしいのは、母親として楽しく育児をしていることです。それが子どもを明るく積極的にすることにつながるようです。芙沙子さんは何でも楽しそうにすることが習慣になっていたために、ある日、掃除をしていても、楽しそうなのを見て、愛さんもやりたがりました。やってみたらつまらなさそうでした。親が掃除すら楽しそうにしている家庭は、とても素晴らしい家庭になると思います。厳しい練習のテニスについても、スランプに陥るまでは、愛さんはいつでも「楽しい！」と言っていたそうです。

次のようにも芙沙子さんは言っておられます。

「大勢に影響ないことを気にしないでいくと、自分自身でも想像しなかったほど、育児はひたすら楽しいものになっていったのです。日々、成長していく愛を見ているだけで嬉しくて、どこへでも連れ出し、何でも経験させてあげたい気分になりました。愛が初めてのことを経験した時に表す反応を見るのが面白くて仕方ありませんでした」

「子育てでは、未熟な赤ちゃんを未熟なお母さんが育てます。そこで私は肩肘張らず、（中略）子供の愛（娘）と未熟なお母さんの私が一緒に育っていくと解釈し、『育児』を勝手に『子供を育てる』ではなく『子供と一緒に育つ』と読み替えていましたが、これがその後の育児に大いに役立ちました」

未熟な自分も認め、共に育ちつつ、心から、子どもとの関わりを楽しんでいらした姿がうかがえます。素晴らしいことだと思います。「コントロールする親」「不安の先取り型」「きちんと型」の親との違いが自ずと理解していただけるかと思います。

6　子どもの好奇心に応えること

次に子どもの好奇心に素直に応える姿が目立ちます。愛さんは、自分の好奇心からスイミングにも通いましたし、絵画教室にも通いました。フィギュアースケートもやり、クラシックバレエも興味を持てばやらせたそうです。とにかく、思いっきり運動をさせてあげたいと思っていたようです。外遊びもすでに触れたように大いにさせていたようです。パズル遊びもブロック遊びも大好きで、朝食前にひと遊びしてから出てくることもあったそうです。これらの態度を自由にさせていたことが大切かと思います。

最終的に、テニスをしたい方向に集約することで、テニスの道に入っていったとのことです。何が何でもテニスの選手にするぞという態度とはまったく異なっています。

7　高いエネルギーのサポート力

そして、**何より、一流選手の親の違いは、子どもが興味をもって集中してやり始めたことに対してすさまじいエネルギーでサポートしていることです。**それは、萩野選手のお母さんや、千住真理子さんのお母さんにも通ずるものです。こんな記述があります。

「平日は、午後3時半には愛を学校まで迎えに行き、車の中で軽食を取らせ、そのままアカデミー（テニスの練習場）へと送り届けます。そして、夜はお弁当を持って再び愛を迎えに行き、車の中でお弁当を食べさせなくてはいけないこともしばしばありました。愛は運動量の割には食が細いので、このお弁当には気を配りました。バランスよく食べられるように栄養を考え、レアチーズケーキやプリンなども手作りして乳製品も摂取できるようにし、味と彩りを考えながらメニューを組み立てていました。これは大変でしたが、私の楽しみの一つでもありました」

このように相当エネルギーを使うサポートをしているのに、それを楽しんでしているところがまたまた素晴らしいと思います。前章で述べたお母さんたちは、予定に縛られた不満や怒りを抱いたり、不安からの世話の焼きすぎが見られましたが、芙沙子さんは、楽しみながらサポートしているのです。ここが決定的に異なります。愛さんがプロになった後は、自分もそれに見合った知識を持ちたいと思われ、いろいろ勉強されたとも書いています。とにかく、すごいサポート力ですね。

第二章で触れましたが、あるひきこもりの息子のお母さんは、息子が子どものころにサッカーと塾に通っていたので、それをすべてこなさせることが苦しくて仕方がなく、あの苦しい日々を思い出したくもないと言っておられました。できれば、楽しみながらサポートされることが大切かと思います。

8　コミュニケーションを大切にしていること

最後に、杉山家では、皆がテニスをしていたために、テニスが家族団らんの場になっていたことが貴重な体験になったと思います。つまり、家族のすべてが参加し、一緒に楽しみ、語り合い、楽しいひとときを過ごす時間が豊富にあったということです。それは、少子化・少数家族化の時代にはとても重要なことです。母子家庭でもよいのです。家族皆が何かをともに遊び、それについて相談し、時には準備もし、そして体験を語り合う。こういうことをどういう形で子どもに提供するかが課題になっている時代です。そういう意味では、六歳まで一人っ子であった愛さんにとっても、このようなひとときが、とても豊かなコミュニケーションを育て、知らぬ間に社会性を伸ばせていけることになったのではないかと考えています。

コミュニケーションについては、芙沙子さんは大変重要視されており、子どものころに限らず、愛さんのコーチになってからも、とにかく、コミュニケーションを密にしたことが語られています。

ひきこもりの家庭などでは家族メンバー間のコミュニケーションがとても乏しいという印象を受けています。特に相互的なコミュニケーション（もともとコミュニケーションは相互的ではあるべきですが）が欠けていると感ずることが多いのも確かです。子どもの成長、あるいは社会性の成長にはコミュニケーションはとても重要なようです。

芙沙子さんは、愛さんだけでなく、ゴルフの石川遼選手、宮里藍選手、テニスの錦織圭選手などの親御さんにもインタビューをして、一流選手を育てる共通項をいろいろ考察されています。それらの記述の中で、子育てに大切だと私が感じたところを述べたいと思います。

まず、皆、親にやらされて始めたのでなく、本人がやりたがったのをさせていたという点が似ています。杉山家も石川家も、親がテニスやゴルフが好きなために、親がやっているのを見て、本人もしたがったので、それなりにやらせたということです。宮里藍さんは二人のお兄さんが盛んにゴルフをしているのを見てしたがるようになったそうです。卓球の愛ちゃんも、ご両親も卓球をされていましたが、お兄さんが選手であり、親がそのことでいろいろと関わっている姿を見て、自分からどうしてもやりたいと駄々をこねたほど、自分からやりたがったそうです。[2]やはり卓球選手の平野美宇さんも、自分からとてもやりたがったということです。[36]ここで大切なことは、子どもの主体性、好奇心が、子どもの内側から湧き上がることが先にあるということです。子どもからのやる気が強く生まれることが、何よりも子どもの心の健康には大切かと考えています。

そして、子どものやる気を起こすことにも関係するのですが、杉山家をはじめ、すべての家族がそのスポーツを楽しんでおり、そのスポーツをしている時は家族団らんの時間になったということです。これは、すでに述べましたが、少子化・少数家族化の時代においては、とても大切なことです。たとえ母子家庭でも、お母さんと子どもが、例えば、卓球なり、ゴルフなどを子どものころから一緒に楽しむことができれば、自ずと会話も弾みますし、いろいろと協力することも自然と覚えるでしょう。それが三人、四人の家族になればなおさらです。

また、杉山愛さんも、石川君、錦織君、宮里さんも、一つの競技ばかりでなく、子どもが興味を持ったものはいろいろとさせているところも共通しています。愛さんについてはお話ししましたが、石川選手もスイミングとサッカーをやっており、スイミングは六年生まで続けていたそうです。サッカーについては今でもフットサルのチームを持っていて楽しんでいるとのことです。宮里藍選手はピアノを三歳から小学校五年生まで習っていましたし、書道教室にも通い、野球やバスケットもしていたそうです。

要するに、**皆、興味の湧くことに何でもチャレンジし、楽しんでいたという柔軟性、多様性が見られます**。ただ、これを真似して、うちの子にもいろいろやらせなくてはと思わないでください。何より、本人がやりたがることがスタートになくてはなりません。ただ、興味を持ちそうかどうかを確認するために、子どもにいろいろ見学させたり、体験入部のようなことをさせるのは親の役目かと思います。

そして、何よりも子どもたちの自主性を大切にするばかりではなく、「私たちは、あなたを信じている。あなたならできると思う」という深い信頼を子どもに寄せているということです。これが、「コントロール型」「不安の先取り型」「きちんと型」「自己愛的な親」などにはできないことなのです。

B

ピアニスト辻井伸行さんの母・辻井いつ子さんの場合

ピアニストの辻井伸行さんのことを知らない人は少ないでしょう。日本人で初めてヴァン・クライバーン国際ピアノコンクールで日本人初の優勝を果たしたピアニストとして知られている若者です。伸行さんは生まれつき目の見えない障害があります。いつ子さんはその母親です。その育児や母親としての関わりは、ただ、才能を伸ばしたということだけではなく、障害を持たれたお子さんの育児の模範になるものです。

ここでは、いつ子さんの書かれた『今日の風、なに色?』(26)『のぶカンタービレ!』(27)『親ばか力』(28)(いずれもアスコム刊)の三冊の本をベースに書かせていただきます。特に最後の『親ばか力』は、育児について丁寧に書かれているので、その書物を中心に述べたいと思います。

1　障害を持った子を育てる時の心構えのすばらしさ

伸行さんは生まれつき「小眼球症」という障害をもって生まれました。眼球が育たない病気で、伸行さんは生まれつきまったく光を感じることもできないのです。いつ子さんもかなり絶望の日々を過ごされたようで、ご主人は、妻が自殺するのではないかと心配して、多忙な産婦人科医の仕事をしながらも、必ず帰宅して様子を見守っていらしたそうです。それほどに傍目にも落ち込んでおられる姿が目立ったのでしょうね。夫の孝さんは、こうも述べられています。

「伸行の誕生から二年間、私は一切外泊をしませんでした。仕事でも遊びでどんなに遅くなってもとにかく毎晩家に帰り、家内と子どもの側にいるようにしたのです。（中略）当時私が本気で心配したのは自殺のことでした。家内は当時そんな気持ちは少しもなかったといいますが、何かのはずみで家内の思い詰めた気持ちがはじけることがないとはいえないと思っていました」

これほどに障害を持つ子が生まれた時には、家族に激しいショックを与えるものなのでしょう。

しかし、いつ子さんは、もともと、明るく前向きな性格でもあることが幸いして、徐々に立ち直られていったのですが、そこには、福澤美和さんという、やはり全盲の方との出会いがありました。福澤さんは、全盲であることをマイナスにとらえることなく、全盲者としての可能性を最大限に生かして生きておられる方でした。福澤さんが楽しみながらいろいろな事にチャレンジしている姿は、いつ子さんにとってまさに福音になったと述べられています。そして、福澤さんとの出会いから、いつ子さんの伸行さんに対する姿勢がすっかり変わりました。その最大の変化は、「見えない」ということに対してひるまなくなったことです。伸行さんの抱えている「見えない」世界が一般の晴眼者が考えるような暗黒の世界ではないことに、初めて気付いたと言っておられます。そして、生まれつき光を感じたことのない伸行さんにとっては、彼なりの感覚や世界観があり、視覚以外の感覚器を刺激することで、それを豊かに広げていくことができるはずだと気付いたのです。そして、こう述べられています。

「つまり、**伸行をなんとか社会に『適合』させるために『しつける』のではなく、伸行本人のもっている『何か』を伸ばす方向で育てていけばいいんだ。**（中略）もちろん、このときにはまだ、その『何か』がなんであるのかは分かりませんでした。けれど、伸行には絶対に『何か』があるはず。私があきらめなければ、必ずそれが見つかるはず。**伸行をハンディをもった人の教育マニュアルどおりにではなく、伸行らしく成長するように、その『何か』を見つけ、それを伸ばす環境づくりをしてあげればいいんだ、**とこのとき私は思ったのです」

この「障害にひるまない」という姿勢はすべての障害を持たれている親御さんにも参考になる言葉だと思います。四肢が先天的に短い障害を持った乙武氏の親御さんも、障害があるから、やらせないとか遠慮するということを許さなかったようです。障害という限界の方ではなく、可能性を信ずるところが大切なようです。乙武氏にも障害者の暗さがまったくありません。

しかし、ご主人の当時の言葉には、以下のような内容が述べられています。

「勤めを終えて病院から戻ると家内がしくしく泣いていて、隣で無表情な伸行がうつぶせになっている。そういう光景を目《ま》の当たりにすると、何とか家内が昔のように元気になり、伸行の将来にも何か光がさすように、何とかしないといけないと思いました。私にしても出口の見えない日々が続いたのです」

このようにご夫婦の絶望状態はかなり続いていたのです。

しかし、「障害にひるまない」という姿勢が、少しずつ、いつ子さんに身についていきました。彼女の態度は変わりました。**何より、さまざまな体験を通じて、伸行さんに、生きることは楽しい、障害のあるなしに関わらず、自分の好きなことが見つかれば、これほど幸せになれるんだということを豊富に体験させてあげるようになっていかれました。**伸行さんは、キャンプを楽しみ、スキーを楽しみ、乗馬にもチャレンジし、美術館や花火までも楽しんでいます。もちろん、楽しむために、いつ子さんなりにいろいろ工夫はされていたようです。例えば、花火の時は、いつ子さんがいろいろ解説を加えたようで、伸行さんは、音だけでなく、母親から聞く話から色彩までが感じられたようだとも言われています。そうです、たとえ、四肢麻痺でほとんど体が動かなくとも、唯一動く眼球を使って、人とのコミュニケーションを豊かに持ち、その目の動きを使って仕事までもしている方がおられます。障害は、親がマイナスだ、限界だと思うと、本当にマイナスにもなり限界にもなります。健常者に近づこうとすることばかりに努力すると、当然マイナスが見えてきます。すると不安をベースにした育児になりがちですし、何より、それは、外枠やパターンにこだわって育てる「強迫的な母親」「きちんと型の母親」と同じ態度になってしまいます。そうではなくて、その子本人の持っている可能性を伸ばしていこう、その子の世界を豊かにしていこうと思うことはどのような障害でも可能なことです。いつ子さんの態度は、そのモデルとなるものだと思います。次の言葉もとても素敵な言葉です。「福澤さんと出会っていて、『伸行を伸行らしく育てる』という1本の芯ができていました」と言われています。素晴らしいですね。

2　子どもの発するサインや子どもの状態を感じ取る感性のすばらしさ

第二章の問題のある子育てにおいては、親が子どもからのサインや子どもの状態に気付かない傾向のあることを述べました。子どもをこのように育てたい、きちんと育てたい、子育てマニュアルから外れないように育てたい、子どもはこのような気持ちであるはずだ、親がしっかりコントロールしなければダメになるなどの態度が、しばしば、子どもを苦しめることを述べました。子どもの気持ちよりも親の気持ち・考えが優先しているからです。そういう視点からすると、**いつ子さんの伸行さんに対する感性は素晴らしいものがあります。**

まず、有名な話ですが、伸行さんの聴覚の素晴らしさに気付いたことです。

こういう記述があります。

「ひとたび泣き始めると手に負《お》えない癇《かん》の強い子ども、と困り果てていたその原因が、掃除機をかける音、スーパーのレジの音などのさまざまな生活雑音なのだと。泣き叫ぶのは、その音に耐えられない良質の『耳』をもっているからにちがいない、と。そして、時を経て、この子は特別な才能をもっているのだ、と思うようになりました」

想像してみてください。子どもが何かと甲高く泣き続ける。親はうんざりする。不愉快にもなる。そして、その不愉快さや腹立たしさが子どもに伝わり、ますます、泣き続ける。親子ともどもうんざりして疲れ切ってしまう。そして親は絶望する。子どもは不幸な気持ちに置き去りにされる。これはとても不幸なことですが、子どもの立場に立って原因を考える姿勢の無い親の場合には、こういうことがしばしば起きているのです。いつ子さんが伸行さんの特殊な才能（特別な性質と言ってもいいでしょう）に気付かなければ、二人は、途方に暮れたまま過ごしたでしょう。そして、なるべく外出もしなくなり、暗い親子になっていったでしょう。幸運だったのは、**いつ子さんが子どもの特殊な能力に気付いてあげられたことです。子どもの様子を丁寧に見ていないと、このことはなかなか難しいものです。**

もう一つ、いつ子さんの感受性の鋭さを示すエピソードがあります。

仲行さんが生後八か月の時のこと、毎日かけていたCDを買い替えたとき、それまでは毎日、腹ばいになって手足をばたつかせて大喜びをしていたのに、何の反応も示さなくなったとのことです。同じショパンの『英雄ポロネーズ』をかけているのに、何故、前のCDと同じように上機嫌にならないだろうと考えたとき、「演奏家が違うからじゃないのか」とひらめいたそうです。夫は「赤ん坊だからあきたのだろう」という態度だったようですが、いつ子さんは、前の演奏家であるブーニンのCDを買ってきて聞かせたところ、たちどころに機嫌が良くなったとのことです。仲行さんは明らかに聞き分けていたのです。このエピソードから、いつ子さんの感受性の鋭さがうかがえますし、仲行さんに秘められた才能を探し求めていたからこそできたことかもしれません。そして、生後一年三か月のころ、自宅のピアノの調律に来られた方が調律していると、その音に合わせて仲行さんがアーウーと声を出したそうです。そして、その調律師の方は以下のように言ったとのことです。

「この子は、私が弾《ひ》く音と同じ音域の音を出しますね。こんな子はいませんよ。音楽をやらせるといいかもしれませんね」と。

この言葉でいつ子さんは仲行さんに優れた音楽的センスがあるのかも、と希望を持ったようです。

そして、このようにも言っておられます。

「この子のなかに眠っている『何か』を導き出して、それを育てよう——。そう思ったからこ

そ、ひたすら伸行を見守り、観察し、そのわずかな反応にも敏感に対応しようと心がけたのでしょう」

「私は、この子が持っている可能性を強く信じようと決心しました。今、振り返れば、子どもを『よく観察していた』からこそ、伸行の才能を発見できたのでしょう」

多くの子の場合、伸行さんほどの素晴らしい才能は持っていない可能性のほうが高いでしょう。それでも母親が子どもをよく観察し、その子の持つ可能性の萌芽を見逃すことがないような育て方をすれば、その子はたとえ、障害があっても、その子なりの才能を伸ばし、その子なりの豊かな世界を育てていけると思います。

子どもをよく見ること、子どもの感じていることを共に感ずること、子どものしていることをよく見て、それがその子にとってどういう意味があるのだろうかと考えてあげること、そして、その子が喜ぶものを共に楽しみ、好奇心を持つものに豊かな刺激を与えてあげることが大切かと思います。

3　子どもの好奇心や才能に気付く能力のすごさ

すでにピアノのＣＤのエピソードをお話ししましたが、いつ子さんの伸行さんの状態を感じ取る力や、何を喜び、どのようなモノに関心があるのかを探し出す力は飛び抜けていると思います。ピアノの練習についても、これはピアノを指導された川上昌裕先生らの協力があってのことですが、定番の音楽教育に当てはめるのではなく、伸行さんにふさわしい教育のやり方をオーダーメイドで作ってもらったりしています。その子に合った練習というものが、やはり才能を伸ばすようです。いろいろな子どもの様子から、その子に合った練習方法などを工夫する姿勢も才能を伸ばした親に共通している点です。

こんなことも述べられています。

「本人がやりたいと思うことは、なんでもやらせてあげよう。始めるのに『早すぎる』はない。途中で興味を失ったものは、親があれこれ言ってもやめてしまうはず。でも、興味が持続しているものについては、思いっきり後押ししてあげよう」

私自身は、モノによっては「早すぎる」場合もあるとは思いますが、とりあえずやらせてみることは良いのではないかとも思います。

以下の言葉は、子どもの興味関心を引き伸ばすためのアドバイスとしては至言かとすら思います。

「子どもが幼いときは、何が好きで何をやりたいのか、本人にも分かりません。注意深く子どもを観察し、子どもが興味・関心を示したことをすばやく見つけ、後押ししてあげましょう。子どもがすぐに飽きてしまってもかまいません。試行錯誤《しこうさくご》を積み重ねることが大事なのです。そのうち、『本物』に必ず出会えます」

子どもをよく見ていることと、頑なではなく柔軟性に溢れた態度だと思います。

こうも言われています。

「子どもがある程度成長するまでは、何が好きで何をやりたいのか、本人にもしっかりと分かるはずもありません。その時々で『好き』になったものに素直に向かわせてやりたい。それが子どもの才能を引き出すうえで、欠かせないことなのです」

そして、いつ子さん自身は音楽の専門家ではないので、伸行さんに良かれと思う師を必死で探されました。幸運な出会いもあったようです。しかし、それを生かす力がまた、ものすごいところがあります。

こうして、素晴らしい感性と養育態度で育て、伸行さんに必要な環境（指導者も含め）を準備することで、すくすくと伸行さんの才能は伸びていったようです。そして、何より大切なことは、コンクールの参加なども含め、**重要なことはすべて「本人の意志」に任せたという点でもあります**。このことは何度か述べられています。いろいろな刺激を与えたとしても、それを続けるか、新しい何かをトライするかなどは、本人の意志で決めてもらうことが、子どもの主体性・自主性を伸ばす基本になると思います。これは「余計なおせっかいを焼きすぎる親」とは正反対の態度と言えましょう。

しばしば、「こーしなさい」「あーしなさい」と子どもの行動や気持ちを決めつけてしまう親もいます。特に「あなたのためだから、こうしなさい」と指示する親も少なくないでしょう。親は本当に子どものためを思っているのですが、子どもの気持ちや子どものペースがないがしろにされ続けると、子どもの生き生きした主体性が伸びず、結果、潜在的な才能が伸ばされないままになってしまうことが多いようです。勉強も含め、何かをトレーニングさせるときには、特に子どもの様子をよく見ながら、その時のその子の状態に対しては、どのような指導が適切であるかを考えていただきたいと思います。

4　家族のサポートのすばらしさ

いつ子さん自身の頑張りや感性も素晴らしいのですが、それは家族の方々のサポートがあったからとも言えます。激務である産婦人科の医師である夫は、疲れて帰ってきても、夜一二時には起きだして、子守を代わってくれたそうです。いくら当直の勤務に慣れているとはいえ、体力的にも相当きつかったと思います（私も医師でもあるのでこのきつさはよくわかります）。夫のサポートというものは、少子化・少数家族化においては、唯一のサポートになることすらあります。世の夫は心すべしだと思います。

また、いつ子さんの義父や母親のサポートも素晴らしいものがあります。産婦人科医でもあった義父は、「障がいをもった子どもは一定の確率で生まれてくるもの。わが家に生まれたのだから、できる限りの愛情をもって育てよう」と言われたそうです。素晴らしい言葉ですね。ましして、障害のある子を産んでしまったという罪悪感を抱きやすい状態にあるいつ子さんには、これ以上の言葉は考えられないほど素晴らしい言葉だと思います。

いつ子さんの母親も、産後のいつ子さんを気遣って、かなり離れた実家から連日通ってこられたそうです。そして、ただの一言も「頑張って」とか「しっかり」とかは言われなかったそうです。そういうことを言われると、当時、気が立っていたいつ子さんは、逆切れしていたはずだと言います。お母さんは、ただ、黙々といつ子さんの手の回らないところを手伝ってくれたそうです。

このような家族からのサポートがあればこそ、いつ子さんは心置きなく、伸行さんに向き合うことができたことでしょう。何も妻へのサポートもせずに文句ばかり言っている夫は反省すべきでしょう（私も反省しております）。

5　平均値に縛られない、外枠に縛られない

すでに、全盲の福澤さんの明るい積極的な生き方や、生活を心から楽しんでおられる姿に接して、伸行さんを晴眼者に近づけようという意識は持たず、皆のできることをできるだけできるようにして、障害があることで生ずる欠点を無くそうという方向で育ててこられたことは述べました。これは、晴眼者という基準に合わせようという方向性を捨てたということです。つまり外枠に縛られないということです。その子にはその子のペースがあるということを自覚あるいは覚悟したということでもあります。そして、外枠ではなく「『伸行を伸行らしく育てる』という1本の芯ができた」という言葉からわかる通り、視点・重点を伸行さん自身に向け

るようになったのです。多くの親御さんは、乳幼児期には、発達の平均値に縛られやすいものです。平均値は平均値なのです。子どもは、各自子ども自体の進歩で発達していくものなのです。また育児書（参考にするのは良いのですが）やママ友の言葉や、周囲の子どもたちの成長などの外枠の基準に縛られ、振り回されて、子どものペースを悲観したり、不満を持ちやすいものなのです。すでに述べた「不安の先取り型」「きちんと型」「強迫的な親」などは、子どもを見ないで、外枠に縛られやすく、外枠の基準に至らない子どものさまざまな側面に不安や不満を抱くことになりやすいのです。伸行さんは四歳の後半になってもトイレで用をたすことができなかったそうです。そのほかにも、運動能力は平均値よりはるかに遅れていたそうです。もちろん、いつ子さんも心配はされていましたが、絶望されることもなく、できることをさせていかれていたようです。すると、逆にみるみるいろいろなことができる時期が来て、あれもできるようになった、これもできるようになったという時期が来たそうです。平均値を追い抜いたりもするようになられたそうです。子どもの成長というものはそういうものです。平均値や、一般の思惑に縛られないことが大切でしょう。子どものペースの成長こそが大切なのです。こんなことが述べられています。

「伸行は、あるとき急に点字の教科書がスラスラと読めるようになりました。あるとき、それまでなかなか履けなかった靴が上手に履けるようになりました。またあるときには、それまで泣き虫だったのに、急にがまん強くなりました。子どもには、内側から『やりたい』『知りたい』『好き』という強い興味がわき起こると、あっという間にそれをなし遂げてしまう本質的な力があるようです」

そうです、内側からの力がとても大切なのです。繰り返しますが、「『伸行を伸行らしく育てる』という1本の芯ができた」という覚悟は、いつ子さんが外枠に合わせず、何よりも子ども自身を基準に育てたことを意味します。この態度が、伸行さんの好奇心や才能を見出すことにもつながったと考えています。

6　いつ子さんの忍耐力と決意のすごさ——親のサポートは並大抵ではない

いろいろ絶望される時期もありましたが、いつ子さんの性格には、もともと思いたったらすぐ行動に移るという行動力もすごいものがありましたし、基本的には、明るく前向きな性格の方かと思います。そして、思いつくとそれ一筋に向かっていくというところはすごいものがあります。そして、それとともに柔軟性も持っておられるところが素晴らしい。

そんないつ子さんも堪忍袋の緒が切れる寸前になることはかなりあったようです。以下のようにも述べられています。

「保育園時代の伸行に対して細かいことを言いだしたら、どんなに心の広い人でも堪忍袋《かんにんぶくろ》の緒《お》が切れるというものです。起床から始まって着替え、食事、通園、園での生活、帰宅、ピアノやバイオリンの稽古《けいこ》、食事、就寝、すべての過程で突発的なトラブルの連続でした。穏《おだ》やかに過ごしているなと思っても、次の瞬間にはもうパニック。そんな状況だったのです」

本当に大変そうですね。でも、ひとたび伸行さんが美しいメロディーを奏でると、「至福《しふく》の時」になり、この子が生まれてきてよかった、私も生きてきてよかったと思えたそうです。このような気持ちの切り替えの早さ、割り切りの良さも育児にはとても大切なことだと思います。

このように、いつ子さんの忍耐力や伸行さんをサポートする力はすごいものがありますが、それとともに、いつ子さんには、伸行さんをプロにしていくための決意が見られます。以下のようなことが述べられています。伸行さんが二歳半ばのころです。

「振り返ればこの時期は、伸行《のぶゆき》の音楽の才能が目覚める時期であると同時に、母親である私が『覚悟《かくご》』を決める時期でもありました。伸行の音楽の才の開花はうれしいのと同時に、この道を進むならば私自身がよほどしっかりしなければならないことはわかっていました。私が伸行の音楽の『眼』となりアシスタントとなって、本格的なレッスンについていかなければなりません。当面の課題は、私自身が楽譜《がくふ》を読めるようになることでした。さまざまな音楽記号を覚え、楽譜を読み取って伸行の隣でアドバイスしなければなりません。やがてレッスンが進めば、点字楽譜も習わなければならないでしょう。当然時間的にも精神的にも厳《きび》しい道が予想されます。それができるのか否《いな》か。『覚悟』を決める時だったと思います」

多くの才能を伸ばした子どもの母親の方は、多くがこのような覚悟をもって、すごいエネルギ

ーで献身的にサポートされていることが多いようです。ですから、子どもの何らかの才能を伸ばしたいと思われる方は、このような覚悟をできるか、そして、それを実践できるのかを考えていただきたいとも思います。

最後に言っておきたいことは、いつ子さんが、伸行さんの音楽の才能に寄り添いながら、何よりも幸せそうな時間をともに過ごされている姿が素晴らしいということです。しかし、その背景には、絶望された時期や、育児で悩まれ抜いた時期や、懸命に良い師を探し求めた時期などを何とか乗り越えられてきたという軌跡があることも知っておいた方が良いでしょう。

C 子ども四人を東大理Ⅲに合格させた母・佐藤亮子さんの場合

佐藤亮子さんといえば、子ども四人をすべて東大の理Ⅲに入学させたすごいお母さんとして、名前を聞かれている方も多いと思います。著書も何冊が出ています。私も、佐藤さんの子育て、あるいは勉強のさせ方に興味があって、まず『「灘→東大理Ⅲ」の3兄弟を育てた母の秀才の育て方』を読んでみました[15]。子どもさんたちへの愛情あふれるものだと感じながらも、全体には、受験勉強に対する戦略本という印象を強く受けました。しかも、下手をすれば、タイガー・マザーや、コントロールする母親の態度にとても似通っている様子を強く感じました。例えば、子どもはスケジューリングが下手なので、親がスケジュールを決めるべきだという言葉や、一つの部屋に子どもの机を並ばせ、その部屋がリビングであり、勉強部屋であり、食堂としている生活。そうすることで、勉強と生活とが一体化するという考え。そして、食事中に暗記物をさせることもあったというエピソードなどを聞くと、まるで、受験のための寮に入っているとでもいうか、極端に言えば、兵学校のような、ある目的のみを目指す全寮制の訓練機関のような家庭ではないかと感じました。

ある対談で、「恋愛は受験に無駄」と発言され、SNSで炎上されたこともあるということを知りました。そういう意味では、この徹底した受験対策生活というものに批判が向けられる可能性はありうると感じました。きょうだいが四人いたから、子どもたちは何とか健康に育ったのかなとも思いました。一人っ子に対して、この佐藤ママのような教育をしたら、つぶれていたか、まったくの受け身的な主体性のない子に育っていたのではないかとも考えました。四人の子どもがいれば、一人の子にかかりっきりになっている時間は他の子は自由になるので、四分の三の時間は自由に過ごせるわけです。また、タイガー・マザーの娘も二人いたから、傷が浅かったとも考えられます。

しかし、その本の「はしがき」に「子どもは一人ひとりオリジナルの存在だということ。佐藤式のやり方をこの本で理解できても、それが、あなたのお子さんにそのまま当てはまるわけではありません」という言葉があり、とても柔軟な発想を持たれた方であることがわかりました。それとともに、私が子育てでとても大切に思っている、子どもをそれぞれ子ども固有の存在として育てるという考えが「オリジナルな子」という言葉に表れているとも感じ、もう何冊か読んでみようと思いました。そして、読んだのが、『3男1女東大理Ⅲの母―私は6歳までに子どもをこう育てました[16]』と『佐藤ママの子育てバイブル[14]』の二冊です。そして、私の考えは大きく変わりました。特に前者の幼児期の子育ての様子を知ることで、佐藤ママの育て方には素晴らしいことが多く含まれていると痛感しました。

以下に、佐藤ママの素晴らしい養育の様子を述べたいと思いますが、佐藤ママの養育態度は、一歩間違えると、前章で述べたコントロールママになりかねない危険性があると思いますので、よくよく、彼女の子どもへの向き合い方や、問題に対処するときの柔軟性と割り切りの良さを学んでほしいと思います。

私自身は、子どもの基本的な性格やライフスタイルは一〇歳ごろまでの育てられ方で決まると考えています（『10歳までの子を持つ親が知っておきたいこと』拙著参照）。ですから、佐藤ママの『3男1女東大理Ⅲの母―私は6歳までに子どもをこう育てました』という著書を中心に彼女の子育ての重要なポイントを述べたいと思います。

1　子どもに関心を集中する

佐藤ママは二年ほど教師をされていました。しかし、子育てが始まると両立は無理と考えて、あっさりと教師は辞めてしまいました。そして、**「子どもが笑顔で過ごすこと」を何よりも優先することを決意されました。いつも「どうすればもっと笑顔に過ごさせてあげられるだろ**

う？」とばかり考えていたそうです。しかも、こうも言われています。「自分自身を笑顔にするためにも、しっかりと手を抜いてきました。（中略）『ま、いっか』のオンパレードだったんです。（中略）そのおかげで、子育て中はバタバタしても忙殺されることはありませんでした。子どもと過ごす時間がこころの底から楽しく、子どもがかわいくてかわいくて仕方がなかった！」と。

幼稚園などで要求される母親の手縫いの雑巾なども、市販のものを買っていたそうです。なかなか、ここまで徹底して手抜きはしにくいものですが、この割り切れる態度が佐藤ママのすごいところではあります。

ほとんどの親御さんが、子どもといることは楽しく子どもがかわいくて仕方がないのは同じかと思いますが、実際の子育てにおいては、多忙の上にいろいろな心配事が重なりやすいので、心から、子どもとの時間を楽しむことが意外と難しいのです。彼女のうまく手を抜いて、子どもと楽しむ時間を作る工夫をすることは参考になるかと思います。

同じことになりますが、**とにかく、ポイントがはっきりしており、それ以外はさっぱりと諦めるという態度が素晴らしいと思います**。その態度が以下の言葉に表れています。

「そこで、私は趣味を封印し（次々に4人産んだのでそもそもそんな余裕もありませんでしたが）、『自分の時間』より『子どもたちと笑顔で過ごすこと』を優先。家事も、子どもがいないときと同じようなレベルを求めることはすぐにやめました」

2　焦らない・不安にならない態度が素晴らしい

そして、四人育てられた余裕かもしれませんが、子どものいろいろなトラブルにも、とても余裕のある態度で向かい合っておられます。これが、初めてのお子さんを育てているお母さんには難しいところではあります。

「どれだけ大変で、てんやわんやで、『もう無理！』と思っても、一生続くことってないんですよ。夜泣きがひどくても、離乳食がうまくいかなくても、トイレトレーニングがうまくいかなくても、成長するにつれ『いいあんばい』のところに落ち着いていきます。ほら、夜泣きがひどくて、なにも食べなくて、オムツをしてランドセルを背負っている子なんていないでしょう？」

子育てで悩んでおられるお母さん方は、どうしたら、夜泣きを止められるのか、どうしたら食べさせられるのか、このままでいたらおかしくなるのでは、栄養失調になるのではないかなどと極端なことを考えすぎる傾向があるのです。**ほとんどの問題は、一時的であるし、それなりの対応をしていると子どもが成長して変わっていってくれることを知っておいた方が良いでしょう。**

また、多くのお母さんは、子育て本を読んだり、ママ友からの情報を聞いて、自分の子育ては「正しく」ないのではないかと悩みやすいものです。子どものさまざまな成長にも平均値はありますが（標準値ではありません）。子どもがそのような平均値から遅れていたり、こういう育て方が正しいのよという頑なな考えに影響されると、母親は不安だらけになります。いろいろな情報は参考にはしますが、最後には**「子育てには『正解』はない」という開き直りが大切だと佐藤ママは言っています。**その通りかと思います。そして、こうも言っています。「子どもはオリジナルな存在ですし、とくに小さな子どもの発達のスピードは個人差が大きいものです」と。まったくその通りだと思います。正解は子どもの中にあるのです。

3　子どもをよく見る、観察する、そしてその子に合った工夫をする

それぞれの子どもはオリジナルな発達を遂げますし、隣の子どもとは異なった性格も持っているものです。ですから、最も大切なことは、親が子どもをよく見、観察し、親自身が考え対応していくしかないのです。佐藤ママはこう言っています。

「お母さんが子どもの様子を観察し、自分の頭で判断しなければならないんです」と。

子どもの個人差の問題も同じです。ただ、佐藤ママは、自分の観察眼や判断にとても自信を持っています。四人育てた自信からきているのかもしれませんが、多くの親は、初めての経験ですので、自分の経験からいろいろ判断しきるのは難しいことが多いと思います。そういう時は、一人で抱え込まないで、育児の先輩である祖母に相談したり、公的な子どもの相談をする場所を利用することをお勧めします。迷い迷いながら、何とかしていくのが育児であるという

覚悟はしてほしいと思いますし、一人で抱え込んで苦しんでいると、それが子どもにも影響してしまいます。

また、個々の子どもさんをよく観察していることがわかります。各書の何か所にも、それぞれの子どもさんの特徴を述べておられます。子どもさんの特徴を表にしたものもあります。そのうえで、**その子に合った関わり方や勉強のさせ方を工夫されています。一律の訓練をする軍隊式と決定的に異なるところです。ここがとても素晴らしいところです。**例えば、集中力の無かった三男の子には、一五分で科目を変えるという方法をとられました。個々の子の特徴は、四人子どもがいたから、かえってわかりやすくなったのかもしれません。そういう意味では、比較しにくい一人っ子の場合はもちろん、その子をよく観察することが必要ですが、公園で他の子どもと遊んでいる姿をよく観察することや、習い事での様子をよく見ることで、家の中ではわからなかったことがわかることも多いと思います。意外と、親は子どものことをよくわかっていないことが多いことも事実です。私の臨床においても、親子面接をしていると、子どもが自分の気持ちをいろいろ話すようになると、母親はしばしば、「この子は、こういうことが嫌だったんですね」とか「こういうことを求めていたのですね、初めて知りました」とか、「この子はこういう子だったんですね。何もわかっていなかったんですね」と言われるお母さんが多いように思います。わたしは、これを**「子どもの再発見」**と呼んでいます。そして、お母さんがそのようにしっかりと子どもを理解し始めると、子どもが元気になり、母親にもいろいろと主張するようになります。母親にわかってもらえるという期待と喜びがそうするものと思います。そして、そういう子は学校でも元気になっていきます。

また、**「子どもが嫌がることには、必ず理由があります。なるべく嫌なことを排除してあげることで、家が子どもにとって『楽しい場所』になっていくのです」**とも述べられています。親はしばしば、子どもがぐずったり何かを嫌がったりすると、甘えているとか、わがままととらえて放置しがちです。佐藤ママは、そういう時には必ず、子どもなりの理由を考えて嫌がることはさせなかったと言います。子どもの立場に立った態度と言えますね。

4　徹底的なサポート

佐藤ママには、いろいろ優れたところがありますが、何といっても、子どもたちへのサポート力が抜きんでています。それは、楽しませ方でも徹底しているし、もちろん、勉強に関してはすごいものがあります。このサポート力は、そう簡単には真似できないものだと思います。彼女の著書には、そのサポート力のすごいところが網羅されていますので、興味ある方は読まれることをお勧めしますが、少し、具体例を挙げたいと思います。

まず、子どもが「ねえ、ママ」と呼んできたら、おそうめんを茹でていようと、必ず対応していたそうです。「ちょっと待ってね」と言った瞬間に、子どもの好奇心は風船のようにしぼんでしまうとも言われています。佐藤家では、「あとで！」はＮＧワードということです。勉強では、立体図形の問題だとイメージしにくいので、展開図などを参考に立体図形を彼女が作られたそうです。それも手を替え品を替え、作られたそうです。

幼児期には、三歳までに絵本一万冊を読み聞かせ、童謡一万曲を親自身が歌うことで聞かせることを実践されたそうです。そして、こう言われています。

「絵本を読んでいるときは至福のときでした。子どもたちのキラキラした反応を楽しんでいました」と。とても幸せなひとときが想像できますね。

また、三男が世界史に弱いとわかると、参考書・問題集を二冊買ってきて、一冊は本人用、一冊はお母さん用と、二人三脚で勉強されたそうです。しかも、世界史だけで毎日一五時間は勉強されたそうです。途中で疲れたら、古文や漢文の単語や文法問題を入れて休憩されたそうです。一五時間付き合うのもすごいですが、休憩が古文や漢文であることにも驚かされます。また、子どものために、世界史については国ごとの間違えやすいポイントをざっくりとまとめたオリジナルノートも作られたそうです。これだけでも大変ですね。

次男の方とのエピソードには、以下のようなことがあります。次男の方が国語の問題を解く、すると佐藤ママが採点する。その合間に、次男は英語の過去問を解く、佐藤ママは、国語の解答用紙の間違えた箇所にピンクの印をつけ、必要があれば資料を用意し、英語が済むのを待って一緒にやり直しをする。それが終わったら、佐藤ママは英語の採点に戻り、次男は現代社会のセンター試験の過去問を解く……というように、分業したそうです。つまり、次男にはひたすら問題を解いてやり直しをするという作業に集中させたのです。これも大変な作業ですね。

そのうえ、参考書も佐藤ママが選んで買ってきていたそうです。模擬試験やセンター試験の手続きもすべて佐藤ママがしていたそうです。子どもさんたちも口を揃えて、母親は頼んだことは何でも喜んでやってくれたと言っています。この喜んでやっているというところが素晴らしいですね。子どももうれしいでしょうね。

母親にこれほどの集中力、持続力、活動力があり、しかも、楽しそうに、子どもを喜ばせながらいろいろとしてくれたら、子どもにも自ずと集中力や持続力が身につくと思います。まして、四人の子どもが同じ部屋で勉強しているのです。影響し合わないわけはないですよね。

5　ポイントが明確なことと、徹底するところと手を抜くところのメリハリのすばらしさ

佐藤ママの今一つ素晴らしい点は、重視するところ、すなわちポイントが明確なことと、ポイント以外は、しっかりと手を抜かれるというメリハリがあるということです。

もちろん、勉強させるということは何より大切なポイントですから、それはすでにいろいろ述べましたので、それ以外のポイントをお話ししたいと思います。

まず、手を抜かぬポイントとして、読み・書き・そろばんはキッチリさせたそうです。それとともに、お箸の持ち方・食べ方などのテーブルマナーもうるさく言い続けたそうです。理由

は、周りに迷惑がかかることと、一朝一夕では身につかないからとのことです。また、歯も大切にされており、小学校六年まで、二〇分かけて、それぞれの子の歯を磨いていたそうです。また、家の中で起こりうる危険性は極力排除されたそうです。ピーナッツは危ないので家に置かない、揚げ物も危険だから、子どもが小さいころはしない、机の角は丸くする。ボタン電池のカバーには、さらにガムテープを貼るなどです。危険な可能性のあるものはとにかく〇《ゼロ》を目指されたそうです。これは見習うところですね。

このように絶対に手を抜かないところがあるかと思えば、さっぱりと手を抜いておられるところがあります。彼女はこのように言います。

「生活はきちんとしようとすればするほど、時間はかかります。ある部分は切り捨ててしまわなければ回らない、と割り切ってしまうことが大切です。（中略）ポイントは、**どこに注力するかのバランスを自分で決めて無理をしないこと、そしてほどほどに手を抜く自分を責めないことです**」

これは、不安の強いお母さんたちには、なかなか難しいことです。「きちんと型」のお母さんのように、なんでもきちんとしていないと不安になるお母さんがたくさんいます。きちんとしているということ自体が、自分を安心させるようでもあります。悪く言えば、何でもきちんとするということは、ポイントが決められないからです。ポイントが決めにくいお母さんは、夫と相談してみてもよいでしょう。また、子ども自身と相談してもいいでしょうし、自分の親とも相談してもよいでしょうから、何がポイントで何は手を抜けるかを考えてみてほしいと思います。でも、佐藤家のお父さんは、少しかわいそうですが、いろいろと手を抜かれているようですね。夫の理解があったから良かったものの、夫がもっと自分の世話をきちんとしろという方でしたら、佐藤家のようにはいかなかった可能性もあります。

次に素晴らしいのはメリハリがはっきりしていることですね。勉強は大変ですし、生活の中心が勉強であることには変わりないのですが、楽しむときは大いに楽しませているという態度が子どもたちの息抜きには、とても大切だったような気がします。おもちゃは欲しがるときは我慢させせず必ず与えたそうです。**面白いことや好奇心の向かうものには、「旬」があると言われます。**その通りかと思います。また、子どもの誕生会は、必ず、全員揃って祝ったとのことです。ポテトチップスやカップラーメンは、普段は食べさせないのですが、体の具合が悪いときやテスト前に「ハレの日」として特別な食べ物として食べさせたそうです。ここにもメリハリがきいていますね。

6　褒めてやる気を起こす

彼女はこのように言っています。

「佐藤家では、小さいころから何かにつけてよくほめていました。周りから『ほめ殺し』と言われるくらい（笑）、手をパチパチ叩《たた》いて『すごいね！』と言っていました」

そして、こうも言っておられます。「子どもがより一層前を向いて頑張れるように、ほめ倒す。**そのためには継続した観察が必須《ひっす》です。子どもの表情やしぐさを含めて、何を思っているか、どう感じているか、じっと見つめる。**『あ、嬉しそうだな』『自慢げだな』と子どもの心の中を読み取ることで、お母さんはよりよい女優になれるのです。ただし、子どもの感覚は鋭いですから、お母さんは愛情いっぱいに本心からほめなくてはいけません」

ここにも、子どもをよく見つめていることが大切なことがわかります。子どもが自慢したいと内心思っているときに、お母さんに「本当に素晴らしいわね」と言って褒めてもらえたら、心から喜びが湧いてくるでしょうし、自己評価は高まるでしょう。

実は、私自身は、褒めることも大切かと思いますが、親からの共感、響き合いが大切だと考えています。何かに失敗して消沈しているときに、「今回は残念だったね。でも大丈夫。本当に頑張ったし、そのことが素晴らしいと思うわ」と優しく抱きしめてくれたり、何かがうまくいかずに怒っている場合も、「このことが思うようにいかずに（あるいは相手が思わぬ反応をして）、悔しいんだね。期待が外されると本当につらいよね」と言って、そばにいてくれるなどの響き合いこそが、子どもの心を強くすると考えています。なぜなら、しっかりと自分の本当の深い気持ち・感情に浸れるからです。人は、案外の日常生活では、いろいろな感情を感じなくしていることが多いのです。まして、不快な感情を否認したり押し殺したり、ごまかしたりしやすいのです。そのようなごまかしばかりしていると、人の感情は希薄になるか、鬱屈していって、生き生きした気持ちを持ちにくくなるものです。

7　気を付けなければならないこと

佐藤ママの、それぞれの子どもさんの勉強のさせ方、それも自分で考えたオリジナルな**勉強のさせ方は本当に天才的なものです。しかも、楽しく過ごすことを第一に考えているし、勉強をさせる時にも、無理にやらせずに、子どもが興味を示すまで待つことが大切だとも言っておられます。**こういう基本的に、子どもの主体性を大切にするという態度があるからこそ、かなり、厳しい姿勢も、子どもの心に傷を負わせなかったのだと思います。

例えば、以下のような佐藤ママのやり方を型どおりに真似だけすると、第二章で述べたコントロールママになってしまいます。

「基本的に、子どもは勉強について、何から始め、何をどのくらいやればいいかがわかっていないものだと思ってください。親が具体的に示してあげてください」

「その日その日に子どもがやるべきことを具体的に示してあげてください」

「親御さんがスケジュール管理をしてあげましょう」

「4人のこどもたちそれぞれに勉強計画ノートを作り、やる時間とやる内容を記入しました。予定通り終わったらマルをつけていたため、予定通り進んだかどうかが一目でわかります」

これらを、子どもの様子をしっかり見てもいず、個人個人の違いなども考えずに一律にやれば、完全なコントロールママになります。しかし、佐藤ママは、子どもの、それぞれの個性・主体性を大切にして、このような態度で子どもと向き合ったので、子どもたちの心は健やかに育ったものと考えます。その証拠に子どもたちは以下のように言っています。長男の方と三男の方の発言を取り上げてみましょう。

まず、長男。

「母に特に感謝しているのは、僕のやりたいことを尊重し、やらせてくれたことです。やりたいことを否定されたことはありません」

「中学受験までは、母が勉強の計画を立てて、勉強中もそばにいてくれました。(中略) 小学生が勉強の計画を立て、何を最優先にすべきか考えるのは大変なので、サポートしてもらえてよかったです」

「中学以降は自分で計画を立て、勉強方法も考えました」

「両親は進路に対して、一切何も言わず、任せてくれました」

次に三男の方。

「母は僕たちが幼いときから、子どもたちの性格や個性に合わせて、勉強法を工夫してくれました」

「母は、基本的に『○○しなさい』と干渉はしませんでした」

「母は、頼めば何でも喜んでやってくれました。ありがたかったですね」

もちろん、次男の方、末娘の子たちも、本当によく世話してもらえたことを感謝しているし、無理強いされた体験はなかったことを述べています。**これだけ、いろいろ世話を焼き、いろいろ母親が決めているのに、支配させられた、コントロールされた感じをまったく持っていないところが素晴らしいと思います。**それは、母親が、本当に自分たちのことを大切に思ってくれている、それを本当に実行してくれている、そして、何より、いろいろと決め事はしていても、アドバイザーのような立場で、そばに寄り添いながらやり方を進めていると子どもたちが感じられていたからだと思います。

スケジュールを決めたのは、小学校まででであり、中学校からは本人に任せたところもよかったと思います。確かに、少なくとも小学校半ばまでは、勉強の仕方などを本人にすべて任せすぎると混乱する可能性があります。といって、あまりに厳しいスケジュールを課しすぎるのはもちろん御法度です。ここが難しいところです。少なくとも、ある程度の枠組み、スケジューリングは、親が相談のうえで、決めたほうが良い場合が多いかと思います。このあたりが佐藤ママはとてもセンスが良かったと思います。もちろん、中学校以降は本人の自主性に任せることが大切になります。何歳まで親がスケジューリングを決めたほうが良いかは一概には決められないと思います。私は、一〇歳前後かと思っていますが、そのあたりで、子どもの様子から、決めることが大切でしょう。

第四章

辻井いつ子さんへのインタビュー

これまで、辻井いつ子さんも含め、子どもの才能を伸ばした三人の親御さんについて述べてきました。それらはすでに著書となっているものを参考にして考察したものでした。しかし、著書からは見えにくい細かいところや、その時の深い心の動きなどは、どうしても直接、本人に聞かなければわからないようにも思いました。そこで、三人の方にインタビューしたいと考えたのですが、本のボリュームのこともあり、お一人に絞ってインタビューすることにしたのです。それで辻井いつ子さんを選ばせていただきました。その理由は、障害を持たれた（ある意味マイナスからのスタートとも言えます）お子さんの隠れた才能を、マックスまで伸ばした育て方とともに、伸行さんは一人っ子であり、本書のテーマでもある母子二人三脚の典型的な養育関係でもあったからです。正直に言えば、私自身がクラシック音楽マニアであり、伸行さんのファンであることも理由になっています。

インタビューを申し込みましたところ、快諾いただきましたので、小雨の降る初夏の昼過ぎ、内幸町にあるアスコムという出版社に向かいました。

部屋に入ると出版社のスタッフの方とともに、いつ子さんが立っておられ、明るい爽やかな笑みを浮かべて挨拶されました。私の第一印象は、写真以上にきれいな方だということでした。そして、とても仕草がゆったりとされており、心配りが行き届いた品の良いファッションに身を包んでおられました。話され始めると、甲高くない、やや落ち着いたトーンの声で、ゆったりと語られる様子にも好感が持てました。インタビューを始めると、自分の心を振り返りながら、心の底からの思いを語っておられる様子でした。声には芯があり、それがいつ子さんの心の芯の強さをもうかがわせていました。人によっては、相手に妙に気をつかったり合わせたりして、やや真実の気持ちからズレるような話をされる方もあるのですが、いつ子さんにはまったくその様子はなく、まっすぐに自分の思いを語られる姿が目立ちました。私は、これなら良いインタビューになると確信しました。

A　いつ子さん自身はどのように育てられ、どのような人だったのか

1　幼児期——どのような親にどのように育てられたのか

前章で述べましたので、いつ子さんの伸行さんに対する養育態度、才能を伸ばすサポート力にはすごいものがあることはわかっておられると思います。しかし、このようなすごい養育能力を身につけていたいつ子さん自身は、どのように育てられ、伸行さんに出会うまでは、どのような生き方をされていたのかに関心を持たれる方も多いのではないでしょうか。この点から話を始めたいと思います。

いつ子さんは、父親が四五歳、母親が四〇歳のときに、やっと生まれた一人っ子だったそう

です。親の気持ちからすると、待望の子であり、宝物のような子だったと思いますが、いつ子さん自身は、蝶よ花よと溺愛されて育ったわけではないと言われます。それよりも、ご両親が高齢であったため、全体に、今でいうスローライフのような穏やかな日々が流れていたと言われます。

お母さんはゆったりされた方で、「せかさない」「感情的に怒らない」という方だったそうです。例えば、幼稚園に行く前に、いつ子さんがトイレに入って遅刻しそうになっても、決して急がせなかったそうです。「大丈夫よ」「大丈夫よ」と言ってくれたそうです。そして、一切、他人の悪口を言わず、誰に対しても優しい方だったそうです。素晴らしいですね。

躾としてはそれなりに厳しいところもあり、箸の持ち方などはしっかり教えられたそうですし、食事中は正座が当たり前になっていたそうです。それなりの枠組みがしっかりあったようです。食事といえば、「早く食べなさい」とは一度も言われたことがないそうです。このことも大切ですね。子どものペースがとても大切にされていたことがうかがえます。それとともに、食事中は決してテレビをつけず、必ず二人で話をしながら食事をされたそうです（もちろん父親がいる時は三人です）。つまり、向かい合うべき時はしっかりと子どもと向き合うようにされていたということです。いつ子さんは、最近の母親がスマホなどを見ながら授乳するなどの「ながら」育児が、とてもよくないとも言われました。私もその通りかと思います。授乳時などは、子どもの目を見て、子どもの表情を見て、そして、いろいろ語りかけながら、全身で子どもと向き合ってほしいと思います。成長したのちも、食事は親子が本当に向かい合える時なのです。大切にしたいものです。

全体に年老いた母親のやさしさに包まれて育てられたようですが、父親は、それなりに厳しかったとのことです。一つの例としては、どうしても自転車に乗らせてもらえなかったことです。「女の子が、転んでケガしたらどうする」ということが理由なのだそうですが、父親としては心配だったのかもしれませんね。そのため、子どものころは、男勝りに外遊びをしまくったような子ではなく、家の中で過ごすことが多い子だったとのことです。そして、ここが重要なところですが、一人っ子で外遊びがしにくかったいつ子さんがどうしたかというと、多くの本を読み、さまざまな想像・ファンタジーをすることにのめり込んでいかれたのです。そして、ままごとや「ごっこ遊び」も好きで、近所の子どもや親、叔母などと盛んにままごと遊びをし、それになりきり、のめり込むことが多かったと言われます。とにかく、のめり込みやすい子のようでした。つまり、精神的なエネルギーが高かったお子さんだったようですね。そのころに、詩も書いていたと言われますから、想像力・創造力は豊かな子だったようです。

また、母親の作るおかずが、高齢だったせいもあって、切り干し大根のような地味なものばかりだったそうですが、文句を言うよりも、自分からハイカラなグラタンを作ろうというアイディアを出して、本を買ってきて何とか作ろうとされたそうです。ここには、出されたままに不満を隠して食事をするというよりは、自分の求めるものは、自分で工夫して何とかしようとするスタイルが見られます。

勉強にはまったくうるさくないご両親だったようです。一応、塾、そろばん、ピアノ、琴を習われたそうですが、すべて、近所の子がしているから行ったとか、本人が興味を持ったから習ったようで、親からの押し付けはまったくなかったそうです。ピアノは先生が合わないと思ってさっさと辞めましたが、琴の先生は大好きだったので長く習われたそうです。このあたりもすべて本人の意志に任されていたようですね。興味を持ったことはさせるが、無理強いはしないという態度が良かったと思います。全体としては、おっとりと育てられたようです。

2　いつ子さんは思春期・青年期をどのように生きたのか

このように、ゆったりした流れの中で、愛情豊かに、そして、躾はそれなりにされていつ子さんは育ったようです。親はいつ子さんのペースを大事にし、向き合うことを大事にされていました。そういう環境で、想像力豊かで、自分に与えられた環境の中で、十分に楽しんでいく工夫のできる主体的な力が育ったようです。そうはいっても、特別に目立つような子どもではなかったそうです。それでは、その後、思春期・青年期はどのように過ごされたのでしょうか。

ご本人に言わせると、悩みもなく、平和な学校生活であり、ごく普通の子だったとのことです。リーダーシップをとるとか、目立つことをするような子でもなく、勉強にも特別に真剣に関わることもなく、親も私立受験などを目指させようともせず、のんびりと自然体で過ごされたようです。「もう少し勉強は一所懸命にしておけばよかったかな、と思うことがある程度で、それも、それで何かが変わったわけではなかったでしょう」とも言われました。とにかく、自分自身のことになると「易きに流れる」傾向があるとも言われました。伸行さんについては絶対に妥協はなかったのですから、人のため、特にわが子のためには妥協せず、真剣に関わられる方なのだということが、このことからもわかります。「易きに流れる」傾向があったと聞いて安心される方も多いのではないでしょうか。

いつ子さんの一面を知るエピソードがあります。小学校の時に、ある女の子が成績の良い子にいじめられ、跳び箱に閉じ込められてしまったそうです。このことがホームルームで問題となったときに、いつ子さんは「こんなことは絶対に許されない。いじめをした子は、絶対にその子に謝るべきだ」と主張され、結果、いじめっ子は、いじめた子に謝ったそうです。このエピソードから、いつ子さんには、どこか肝の据わったところがあることがわかります。いつ子さんのお母さんが、恵まれない人に対して、とても親切に対応される人であり、弱いものや恵まれない人に対しては、毅然と守ろうとする姿勢が身についていたのかもしれません。

それ以外は、中学で演劇部に入っていたこと、高校、短大は、演劇部が無かったこともあり、特別にサークルなどで活躍することもなく、それなりに楽しい学生生活を過ごされたようです。

思春期などは、多くの子が対人関係や自分の能力・容姿などを悩みやすいのですが、本人は、悩みもほとんどなかったと言われます。それよりも「人に嫌われない自分」という「根拠のない自信」がどこかにあったそうなのです。これは、親に無条件に十分に愛された子が抱くとても大切なポジティブな自己像です。いつ子さんには、それが備わっていたようです。

小学校高学年の時代から、本を読み上げたり、人前で話をすることが好きだし、自分は上手なのかもと気付いたので、友達とＤＪごっこをされたそうです。就職の時には、机に向かってコツコツ何かをするよりも自分の特徴を生かしたいという気持ちを強く持たれていたので、それがアナウンサーなのではと思い、短大に通いながらアナウンサーアカデミーに通っていたそうです。そして、アナウンサーの仕事につかれました。とても順調な人生のようですね。自分に何が向いているのかという直感が働くと、放送局を訪ねたりするなど、まず動いて確かめるというスタイルは、このころには備わっていたそうです。直感の鋭さと、とにかく行動して確かめる人だということがよくわかります。多少、体調が悪くても、伸行さんの子育てでは、保育園の送迎をしなければならず、無理して動いているうちに、かえって具合が良くなることが多かったとも言われます。やはり行動の人ですね。この点は、伸行さんの養育にも大いに役立った性格だと言えましょう。

「人に嫌われないという根拠なき自信」とか、直感的にひらめけば、可能な範囲で動き回ろうとする姿勢や、「自分の得意なことを生かしたい」という気持ちがあったことを考えると、やはり、「プラス思考」の強い方であることがわかります。そういうい つ子さんが障害を持った伸行さんに出会うことになるのです。そして、伸行さんを育てていくうちに、より明確に「プラス思考を選ぶ」ようになっていかれたように思います。

B

いつ子さんの伸行さんに対する養育態度

1　伸行さんの養育で苦労したこと

とにかく、伸行さんの養育は、言葉は悪いのですが、マイナスからのスタートでした。ですから、いつ子さんは本当に苦しまれました。以下の本の記述からもその様子がわかります。「勤めを終えて病院から戻ると家内がしくしく泣いていて、隣で無表情な伸行がうつぶせになっている（ご主人の言葉）[26]」「将来を悲観して、一種のパニック状態に陥っていました[28]」

このような記述を見ると絶望状態と言っても過言ではなかったと思います。この当時、どのように自分の気持ちと向き合われていたのかを聞かせていただきました。すると、このように答えられました。

「バランスが取れないときもあり、ワーッと泣いたり、ガンガン好きな曲を聞いて発散していました。パニックというか、これからどうなるだろうかと悶々としていました。しかし、一日寝ると、翌日には、しなくてはならないことがあるので切り替えて、やるべきことをやるようにし、将来どうなるのだろうか、などとあまり考えないようして動き回っていました。とにかく、今日一日を精一杯過ごそうと思うようにしました」と。

やはり、切り替える力のある方だと思いましたし、動くことで悩みのドツボにはまらないように努力された様子もうかがえます。

また「生まれてから数年の間、伸行が私に向かってほほえんでくれることはありませんでした」(28)と書かれていますので、この点についてお聞きすると、以下のように言われました。

「笑いが少なかったことは間違いありません。ですから、何とか、笑わせようといろいろ工夫しました」と言われました。やはり、音関係のものに興味を示すことが多かったので、音色の違ういろいろなベルを買い集め、それを鳴らせて聞かせると、気に入ると笑ってくれました。このようにさまざまな努力をされたようです。伸行さんはそれらの音をとても喜んだそうです。そして、それはやがてCDへの興味につながっていったそうです。ここにも、不安になられながらもできるだけのことをしてみるという、いつ子さんの素晴らしい側面が見られます。

また、ある時期の半年ほど、伸行さんの生活が昼夜逆転したそうです。視覚に障害がある子どもにはよく見られる行動です。視覚障害のためにサーカディアンリズムが狂うためでしょう。子どもが、毎晩、寝てくれないということは本当に大変なことだと思います。この時は、いつ子さんも頑張られたのですが、ご主人が交代で伸行さんに付き合ってくれたそうです。素晴らしいですね。産婦人科医の激務をこなしながら、仕事から帰ってから、一晩、起きたまま子どもと付き合ったのです。いつ子さんと交代であったとはいえ、半年も続けられたということには頭が下がります。すでに述べましたが、「育児不安」は夫の育児参加という協力があると、かなり軽減するものなのです。そういう意味では、いつ子さんはご主人に恵まれていたと言ってよいでしょう。

とにかく、苦しいときにも、苦しさに飲み込まれそうになりながらも、できるだけのことをしようとする姿勢が見られます。この姿勢が素晴らしいですね。

いつ子さんに「伸行さんを育てることでいつ子さん自身が変わられたことは何ですか」とお聞きしたところ、以下のように答えられました。

「とにかく我慢強くなりました。『忍』の字を名前に付けたいほどです」と強く言われました。そして、こんなエピソードを話してくださいました。とにかく、伸行さんはよく泣いたそうです。しかし、いつ子さんには何で泣いているのかがわからない。そしてなかなか泣き止まないのだそうです。ある日、デパートに買い物に行こうとしたところ、歩くのを嫌がり道路で泣き始めてしまいました。どんなになだめてもダメだったそうです。母親に相談したところ「何か言いたいことがあって泣いているのだから、泣かせておけばよい」というアドバイスを受けたこともあって、こういう時は、周囲の目を気にせず泣かせておいたようです。「我慢比べでした」と言われます。これは結構大変なことです。この時は、からくり時計を買いに行く予定でしたので、「からくり時計を買いに行くのよ」と言ったところ、「からくり」という言葉にビビっときたようで、興味を示し泣き止んだそうです。こうして、いつ子さんは、伸行さんが泣き始めると、好きな歌を歌ってあげたり、独り言を言ったり、毎回違うことを工夫して伸行さんの泣きに向き合われたそうです。しかし、伸行さんの泣きには苦しめられたと言われました。そして、そのことで耐える力がついたとも言われました。踏ん張られたようですね。しかし、耐えられたことも素晴らしいのですが、いろいろと工夫される姿勢が見られることが素晴らしいと思います。

2　才能を伸ばしたであろう関わり

いつ子さんは、苦労し、時にパニックになりながらも、一方で伸行さんの心を健やかに育て、才能を開花させるような働きかけを豊富にされています。

まず、伸行さんに対する基本的な姿勢ですが、いつ子さんは以下のように言われました。「自立することも大切ですが、一番、強く思っていたことは、彼が生きていくうえで、いつも笑顔で過ごせるように人生を送らせたかった」と。

そして、別のところではこうも言われました。

「彼に対しては、期待は『〇《ゼロ》』だったのです。親はどうしても子どもに期待するものですが、自分の子どもですから、自分より素晴らしい子がそんなに生まれるわけないと思っていました。とにかく、私は伸行に対して期待は『〇《ゼロ》』だったのです。どうしたら幸せに生きていけるかだけを考えていました」と。

ここには、親の子どもに対する大切な基本姿勢が見られます。そうです。子どもは、幸せに満ち、笑顔に溢れ、喜びに満ちて生きられれば、それが何よりの幸せなのです。この基本姿勢が伸行さんの伸びやかさ、ピュアーさ、そして、演奏することの喜びを体いっぱいに表す姿に反映していると思います。

第一章ですでに触れましたが、子どもの好奇心を的確に見出し、それをどのように伸ばすかが、元気な子を育てるにも才能を伸ばすにも必要なことなのです。そこで、次に「伸行さんが何に興味を持っているのかをどのように見極められましたか」という質問をさせていただきました。すると、いつ子さんは以下のように答えられました。

「とにかく、本気で向き合うことです。片手間ではいけません」と。これをとても強調されました。そのうえで、「子どもが興味を持つものに真剣に向き合うことが大切だ」とも言われました。例えば、本を読んであげる時などは、『赤頭巾ちゃん』であれば、赤頭巾ちゃん、おばあさん、狼などの登場人物になりきって語るとか、お姫さまが出てくる物語では、お姫さまになりきって読んであげる。すると、伸行さんはすごく喜んだと言われます。私も、この「真剣に向き合う」という姿勢は本当に大切だと感じています。

また、「心を育てる」[28]と書かれておられたので、心を育てるとはどういう意味で、どうしたら心を育てられるのかとお聞きしたところ、とにかく、好奇心を持ったものは、何でもチャレンジさせたそうです。乗馬、スキーなどなどです。特にいつ子さんは、「体験が大切です」と言われました。とにかく、伸行さんにさまざまな体験をさせたようです。それは著書に詳しく述べられていますので、ここではこれ以上はお話ししません。しかし、以下のようにも述べられました。

「心を育てるというか、伸行の場合は、イメージを膨らませる・豊かにすることに心がけました。例えば、『月の光』という曲を伸行は大好きなのですが、『月』がどういうものであるのかイメージできません。それで、『月』に関する童話を豊富に聞かせるなどして、何とかイメージできるように努めました。すると、しばらくすると、伸行自身が、そのテーマに沿った物語を作るようにもなりました」と。このようないつ子さんの素晴らしい働きかけで、伸行さんの想像力・創造力は伸びたのかもしれません。また、外国のピアノの先生に、「はちみつに手を入れて、引き出すときのヌーとする、粘る感じで弾きなさい」と指示された折は、本当にお風呂にはちみつの缶を持ち込んで、実際に手を突っ込んだそうです。伸行さんは感じをつかめたそうです。とにかく、体験、そして、やれることは何でもさせるという姿勢が、伸行さんのイメージを豊かにしたように思います。

また、ピアノの基礎練習というものは、ハノンやバイエルなど味気ないものが多く、ご自分がそのせいで辞めた経験もあって、そういうものは使わないでほしいと、先生に伝えられたそうです。それで本人の嫌がることはさせず、先生が二～三曲の魅力ある曲を持ってきてくださって、その中で、伸行さんが好きなものを教材としたとのことです。すると、伸行さんは、喜んで練習に集中したようです。このように、決まりきった練習メソッドを押し付けるのではなく、本人に合った練習方法を工夫するという態度が、子どもの才能を伸ばすのにはとても大切なようです。すでに述べましたが、杉山芙沙子さんも佐藤亮子さんも、練習や勉強の仕方については、その子に合った方法を真剣に工夫されています。この態度が大切なのです。外枠にはめ込むのではなく、その子に合った練習を工夫するということは、その子の内発的なものを伸ばすことにつながるからです。しかも、練習の仕方が良かったせいか、現在は東京音楽大学で准教授をされている川上昌裕先生というプロの方に習うようになった時には、しっかりと基礎もできていて、本格的な練習にもついていける力がついていたそうです。これはいつ子さんも努力されたのですが、それまでの先生方も素晴らしかったと思います。

3　二つのエピソード

最後に、インタビューの中で私が印象に残ったエピソードを二つお話しして、この章を閉じたいと思います。

まず、小学校の時のエピソードです。新聞に載っていた「モスクワ音楽院大ホールで行われる演奏会に向けたコンクールへの参加者募集」の記事を見られたいつ子さんは、ぜひ伸行さんにこれを経験させたいと思われたようです。そして、何とか、新聞社に連絡を取り、参加の段取りを整え、結果、さまざまな素晴らしい体験をされました（文献28参照）。しかし、当時のロシアは、ソビエト体制が崩壊し、不安定な社会情勢の時でした。内戦が起きても不思議ではないような時期でもあったのです。私が父親であれば絶対に反対したと思います。この点について、いつ子さんに訊ねましたところ、このような返事が返ってきました。

「たしかに、空港には銃を持った戦闘服の兵士がいましたし、タクシーも白タクしかないような状況でした。でも、私にとって、伸行がチャイコフスキーコンクールで使われるモスクワ音楽院の大ホールで演奏できるかもしれないという、素晴らしい可能性のほうがはるかに重要だったのです。ほかのことは頭にありませんでした」と。また「まったく不安も危険も感じなかった」とも言われました。

ここには、いつ子さんの「これだ」と思ったときの直感力のすごさが垣間見られますし、それを実現してしまう実行力のすごさにも驚かされます。ここにも「ひらめいたら即アクション」・「プラス思考」といういつ子さんのスタイルが良く表れていますね。

次に、エピソードというよりも、伸行さんの集中力のすごさについて触れたいと思います。いつ子さんに「伸行さんの集中力はすごかったのですか」と訊ねましたら、すぐさま、「それはすごい集中力でした。信じられないほどの集中力でした」と答えられました。伸行さんは、ピアノを練習しだすと、数時間、徹底的に練習するそうです。それも決してダラダラしないそうです。そして、少し疲れると、即興の演奏をしたり、作曲をしたりしてリラックスするそうです。そして、疲れ切って、ピアノの横で寝てしまうこともしばしばあったとのことです。いつ子さんは、すべて彼に任せ、寝てしまえば、毛布を掛けておくという程度にしか世話をせず、とにかく、彼のペースを大切にされたそうです。

私は、トップレベルに上り詰められる子の必要な資質の一つは、この「集中力」だと思っています。杉山愛さんも、卓球の愛ちゃんも平野美宇ちゃんも、物心つくころから、すごい集中力を持っていると親として感じられたことが述べられています。いつ子さんも、伸行さんの集中力は生まれつきだと思うと言われました。もし、遺伝であるとするなら、伸行さんの場合は、父方の祖父が東大を出られた産婦人科医であり、調べものをするときの集中力は徹底したものがあったと言われていますので、隔世遺伝かもしれません。とにかく、集中力は、佐藤亮子さんが工夫したように、ある程度は伸ばすことができるかもしれませんが、生まれつきのものかもしれません。自分の子どもをトップレベルにしたいと考えている親御さんは、この点を心に留めておいてほしいと思います。

以上で、いつ子さんとのインタビューは終わりです。簡単に総括すると以下のようになります。

ご両親に必要な躾はされていましたが、全体にはゆったりとした穏やかな雰囲気で、しっかりと母親に向き合ってもらって育てられたようです。外遊びがしにくい環境にあったのですが、本を読み想像をたくましくし、ままごとなどにのめり込むだけの精神的な豊かさもあったようです。学童期から思春期にかけては、特別なトレーニングも英才教育を受けたわけでもなく、ごく普通の子として育ったようです。ただ「人に嫌われない自分」という根拠なき自信があったと言われました。これは、母親にありのままの自分を心から受け入れてもらえた子が抱きやすい素晴らしい自己像です。いつ子さんはそのようなポジティブな自己像があったからこそ、不安に苛まれることのない、好奇心に駆られて積極的に動くような女性になったと思われます。

そして、伸行さんに出会います。とても苦しい状況を必死で耐えられました。その苦しい中でも、伸行さんが喜ぶもの、笑ってくれるものを探します。全身全霊で、伸行さんに向かい合い、彼が求めるものを感じ取っていきます。そしてまた、全身全霊で、できる限り興味あるものを提供し、彼の心を伸ばす体験を提供されています。この態度は、健やかで元気な子どもを育てるために必要な養育態度でもあります。そして、伸行さんの才能を伸ばすためには、伸行さんの好奇心に沿った練習方法を工夫し、彼に合った指導者を懸命に探されました。それとともに、豊かな心を育てるための工夫もされています。いつ子さんが登場人物になりきって童話を読んだり、伸行さんにお風呂ではちみつに手を突っ込ませたり、二人で心通い合う体験をされている姿が目に浮かびます。こうして、いつ子さんの全身全霊のサポートを得て、伸行さんは才能を開花させ、伸びていったのです。この「全身全霊」で向き合い、「全身全霊」でサポートをし続けるということが子どもの才能を伸ばすことには必要な条件のようです。

とにかく、これほどの苦しみを体験されながらも、いつ子さんには、まったく陰りが無く、秋の空のような爽やかさが感じられます。伸行さんと二人三脚での世界がどれほど素晴らしいものであったかがうかがわれます。心から愛する者に全身全霊を投げかけて生きてこられた方の清々しさが、そこにあるような気がしました。

私としては、そのような方にインタビューできたことを感謝したいと思います。

第五章

才能を伸ばした養育態度とは?

辻井いつ子さんのインタビューも含め、ここまで三人のお母さん方の養育態度を見てきました。そこには、**驚くほど第一章で述べた子どもが健やかに育つ条件がすべて満たされていました。一流の才能を伸ばすには、まず、子どもが健やかに育つ条件が整っていることが必要であることがこのことからもわかります。**そこで、才能を伸ばすための条件を述べる前に、三人のお母さん方の養育態度を具体的に示しながら、健やかに育てる条件を簡単に振り返ってみましょう。

A

子どもを健やかに育てるための基本的な必要条件が整っている

――才能を伸ばすための基本的な必要条件

1　授かりものを神様から預かって大切に育てているという気持ちを持たれている。そして、何よりも楽しく幸せに育児をされている

杉山さんは「子供は社会からの預かりものであり、私達に託された子供……」と言われています。このような気持ちであれば、自ずと子どもが主役である子育てができると思います。辻井いつ子さんも、義父に「障がいをもった子どもは一定の確率で生まれるもの。わが家に生まれたのだから、できる限りの愛情をもって育てよう」と言われて、覚悟を決められたようで

す。

そして、**杉山さんも辻井さんも佐藤さんも、子育ては本当に楽しく幸せな時間だったと述べておられます。この母親が心から楽しく幸せに接してくれていることが、どれほど子どもを幸せにするかは、皆さんにもおわかりになるでしょう。自分といるとお母さんが幸せそうだと思えることは、子どもの芯に深い自己肯定感を植え付けることになると思います。**

2　子どもをよく見ること、子どものサインに応じて子どもの欲求に応えること

辻井さんは、以下のように述べています。

「この子のなかに眠っている『何か』を導き出して、それを育てよう——。そう思ったからこそ、ひたすら伸行を見守り、観察し、そのわずかな反応にも敏感に対応しようと心がけたのです」「今、振り返れば、子どもを『よく観察していた』からこそ、伸行の才能を発見できたのでしょう」「子どもを観察するということは、常識や先入観をすべて取り払って、純粋無垢《むく》な気持ちで子どもを見るということ。手足のしぐさや表情など、目の前で起こっていることをよく観察し、『もしかしたら』という仮説を立てて、それを実証してみること。その繰り返しのなかでこそ、子どもの『好き』や『興味』が見えてくるのです」

これらの言葉に、子どもを見る態度のありようがすべて語られています。杉山さんも、娘のテニスの調子の悪いところはすぐにわかると言われます。佐藤ママも、子育てについて「子育

てには『正解』はない」と言われ、「だからこそ、お母さんが子どもの様子を観察し、自分の頭で判断しなければならないんです」とも言われています。そして、子ども四人の個性をよく見ておられます。このように子どものことをよく見るということが何より大切なのです。そうすることで、自ずと子どもの心に寄り添うことが可能になるからです。

一般の育児でも、母親が子どもをよく見、子どもから投げかけられるサインを心して受け取れるようにすることが大切でしょう。すでに述べた、親の「敏感性」や「応答性」の問題です。

3　完璧である必要はない

杉山さんは以下のように述べています。すでに触れましたが、もう一度、述べたいと思います。

「子育てでは、未熟な赤ちゃんを未熟なお母さんが育てます。そこで私は肩肘張らず、優秀なお母さんの私が子供を育てるのではなく、子供の愛（娘）と未熟なお母さんの私が一緒に育っていくと解釈し、『育児』を勝手に『子供を育てる』ではなく『子供と一緒に育つ』と読み替えていましたが、これがその後の育児に大いに役立ちました」。こうも書かれています。「さっきまでにこにこしていたのに突然泣き出すことはありました。でも、子供はそういうものなんだ、そういう時もあるんだ、と受け止め、丸ごと日常生活に組み込んでいたので、そんなにストレスを溜めなくて済んだのかもしれません」「そして大勢に影響ないことを気にしないでいくと、自分自身でも想像しなかったほど、育児はひたすら楽しいものになっていったのです」。佐藤ママも「離乳食づくりや幼児食づくりも、『ま、これくらいでいっか』の連続でした。日々の負担にならないよう、『自分が苦にならないやり方』でこなしていたのです」と述べておられます。「手を抜けるところは手を抜いてナンボ、です」とも言われています。

辻井さんも、「食事に力を入れた時は、多少、部屋が汚れていてもいいか」と思ったそうです。ポイントは大切なのですが、すべてに完璧を求めると育児はどこまでも苦しいものになります。親はあまり完璧を求めないほうが良いようです。

4 育児不安について、自分なりの工夫の大切さ

すでに杉山さんが「大勢に影響ないことを気にしないでいくと、自分自身でも想像しなかったほど、育児はひたすら楽しいものになっていった」と書かれていることを述べましたが、その通りなのです。また、佐藤ママは、育児は「自分の人生経験を活かし、自分なりの育て方を編み出していく」ものだとも言われています。そうなのです。育児には不安はつきものだし、失敗もつきものです。でも、子どもの成長力は素晴らしいものがあり、どんどん成長するものです。育児書やママ友の意見などを参考にするのは良いのですが、**子どもに沿って自分なりの育て方を工夫していこうという姿勢が必要かと思います。子どもはそれぞれに個性があり、発育**

のスピードや順序も異なります。親は、子どもの個性や発育の様子をよく見てあげてほしいのです。そして、それに沿って、いろいろと工夫してあげることが大切なのです。ある子には合った方法が、自分の子には合わないことも多いのです。また、かくあるべきという外枠に縛られすぎると、子どもが見えなくなり、親子ともども息が詰まります。

5　ある程度の枠組みは大切にする。でも、ゆるやかに……

睡眠、食事、お遊びなどの毎日の生活のリズムはある程度、安定していた方が良いでしょう。杉山さんも生活のリズムは大切にされたようです。しかし、一方で、その通りにいかなくても柔軟に対応されています。すでに述べましたが「愛がいつもの時間に寝てくれなかったり、散歩から帰った後にお風呂に入らないまま寝てしまったりもしましたが、『まあ、いいか』とあまり厳しく考えることはありませんでした。無理にリズムを保とうとすれば愛も私もストレスが溜まることが解っていたので、自分に逃げ道を作っておいたのです」と言われています。

これは逃げ道ではありません。このようなある程度の枠組みを大切にしながら、ピリピリせずにゆったりとした対応が必要なのです。

また、何かを教えていくときの態度も、すでに触れましたが、杉山さんの靴紐を結ぶことを身につけさせていくときの態度が素晴らしいと思います。優しい気持ちで三〇分待ったとのことです。素晴らしいですね。

6　響き合いのすばらしさ

伸行さんの子どものころには、お母さんの歌に合わせて、彼は子ども用のピアノを弾いて楽しんだようです。そのほかにも、いろいろな本を読み聞かせて、二人で物語の世界を楽しんだようです。佐藤ママも、一万冊の絵本をともに読み、一万曲の童謡を歌い聞かせ共に歌ったようです。素晴らしいですね。

子どもが何かができて喜んでいるときは、その心に響いて、心から喜びを込めて褒めてあげてください。子どもはとても自信を持ちます。時々は、親が子ども心に帰って、動物になりきったり、メルヘンの世界の人になって、子どもとファンタジーを共有してください。子どもの創造力、共感能力が育ちます。

7　乳幼児期は好奇心にあふれている。好奇心を生かしてあげよう

辻井さんは以下のように述べられています。

「本人がやりたいと思うことは、なんでもやらせてあげよう。始めるのに『早すぎる』はない。途中で興味を失ったものは、親があれこれ言ってもやめてしまうはず。でも、興味が持続しているものについては、思いっきり後押ししてあげよう」と。

実際には、早すぎるものもあるとは思いますが、とにかく、子どもが興味を持つものに思いっきり後押しする態度は素晴らしいと思います。伸行さんは乗馬もスキーも楽しんだようです。杉山さんも、愛さんが興味を持ったスイミング、ピアノ、体操、フィギュアースケート、クラシックバレエなどを習わせてあげています。その途中から、テニスをもっとしたいということで、テニスに集中していかれたようです。卓球の愛ちゃんもお兄さんの影響も強かったのでしょう。どうしても卓球をやりたいというので始めたようです。

8　家庭の中に豊かなコミュニケーションがあることが望ましい

すでに触れましたが、杉山家をはじめ錦織君、石川遼君、宮里藍選手の家庭は、それぞれのスポーツを家族ぐるみでしていたので、そのことが自ずと家族のコミュニケーションを豊かにしたようです。辻井家も、他の家族との付き合いも大切にするとともに、指導していただく先生方とも良いコミュニケーションをもてたようです。特に杉山さんは、娘が大人になった後も、二人でのコミュニケーションがいかに大切かを力説されています。

コミュニケーションといえば、食事の時間はとても大切です。辻井いつ子さんの幼少期は、決して、一人で食べさせられたことはなく、必ず母親がいて、テレビもつけずに、いろいろ話をしながら楽しい食事をされたとのことです。また、辻井さんは、「ながら」育児をとても批判されていました。例えば、スマホを見ながら授乳するなどは、子どもにとってよくないとも言われました。しっかりと、子どもと向き合ってのコミュニケーションがとても子どもの心を豊かにすると思いますし、コミュニケーション能力を高めるものと思います。

9　子どもたちと遊ぶこと

辻井いつ子さんも伸行さんを積極的に多くの子どもと遊ばせていますし、スポーツをやっている杉山さんや卓球の愛ちゃんなどは、自ずと他の子どもの中で鍛えられたはずです。また、杉山さんは、インタビューされた石川遼君、錦織君、宮里藍さんなどの家庭は、家族皆が多人数で遊んでいたと報告されています。一見、教育ママに見える佐藤亮子さんも次のように言われています。

「私は教育ママで勉強ばかりさせていたようなイメージを持たれがちですが、子どもたちが小学4年生で塾に行き始めるまでは、毎日30分の公文とバイオリンの練習、そして週に1回の水泳以外、すべて自由時間。みんなでずーっとワイワイ遊んでいました」（中略）「『今日はなにをして遊ぼうかな！』と自分の頭で考える、空白の時間がその子を成長させるからです」。とにかく、きょうだいが四人いるというのは、子ども遊びには有利でしょう。

10　遊び、何かに集中する、何かを達成する

子どもが何かに夢中になっていたり、集中しているときは、親は邪魔しないことが大切で

す。つまり、子どもの世界に侵入しない、「侵害しない」ことが大切なのです。十分に遊ばせることが大切なのです。スポーツであれ、ピアノであれ、勉強であれ、杉山家も辻井家も佐藤家も、お子さんにすごい集中力があったこともあるのですが、親としては、子どもが集中していることを邪魔することはなかったようです。見守ることが大切なのです。

集中力の大切さについては、今一度、後述したいと思います。

11　外遊びの大切さ

辻井家では、伸行さんに果敢に外遊びをさせていますし、テニスをしていた杉山愛さんの場合は、ずっと外遊びをしているものとも言えます。また、やはり、杉山芙沙子さんがインタビューした石川遼君たちは、すべて皆外遊びを多くしていたと報告されています。いくつものスポーツをしていたわけですから、自ずと外遊びが多くなったのは自然なことでしょう。お稽古ごとの一環として遊んでいたとしても、これほどの豊富な遊びを皆でできることは、施設の整っている現代の強みの一つでもあります。

12　必要な躾

何かを目指して頑張るときには、自ずと基本を大切にしたり、枠組みが大切になります。好きな事ばかりはしていられません。必ず躾的な働きかけをしなくてはなりません。

佐藤ママも以下のように言われています。「まず身につけたいのは、『歯みがき』『箸の持ち方』『鉛筆の持ち方』の正しいやり方。こうした『あとで直すのが大変なこと』だけは、ゆるさ禁物です！」と。躾の内容は、各家庭で異なってもよいかと思います。ただ、睡眠習慣や食事などはある程度の安定したリズムが必要ですし、ほぼどの家庭でも必要な躾となりますが、子どもの様子を考慮しないような躾は、子どもの心に傷をつける可能性があります。子どもの様子をよく見て、必要と思う躾を焦らず、粘り強くされることをお勧めします。

以上、第一章で述べた「健やかな子どもに育てるための条件」は、杉山家にも辻井家にも佐藤家にも揃っていると思います。しかし、これだけでは、一流のレベルに達成するものではありません。子どもが元気な上に一流のレベルの何ものかを身につけるには、それとは別な条件があると思います。つまり、**ここまでの条件は、健やかで元気な子に育てる必要条件ではありますが、一流の子どもを育てる十分条件ではないのです。**それでは、このほかに何がプラスアルファーになるのでしょうか。以下に私の考えを述べたいと思います。

B

子どもの才能を伸ばして一流の子どもに育てる十分条件

1　子どもの好奇心を引き出す、あるいは発見すること、そして、それを伸ばすこと

ただ何かを押し付けても子どもは集中しないし、時には、悪い影響すら与えます。卓球の愛ちゃんのようにお兄さんを見て好奇心を抱くとか、やはり、卓球の美宇ちゃんのようにお母さんが卓球教室を開いていたために興味を持つ場合は、そういう環境が子どもに好奇心を持たせますので、その好奇心の湧き出るのを伸ばしてあげればよいのです。しかし、そのような環境の無い家庭の方が多いと思います。好奇心の引き出し方を考えてみましょう。それには、バイオリンの英才教育で有名なスズキ・メソードが参考になります。スズキ・メソードは素晴らし

い方法をとっていると思います。バイオリンに限らず、他の種目でも参考になる方法かと思います。

何か習わせたいと思ったときは、親がまずやっていることが望ましい。スズキ・メソードでは、必ず親も練習することになります。そうすれば、練習の大変さもわかるし、子どもの気持ちもわかります。子どもとのコミュニケーションも豊かになります。そして、他の同年輩の子どもが演奏しているところを見せます。そして、子ども本人が本当にやりたいという気持ちになったときに、初めて楽器を持たせるとのことです。また、バイオリンを通じて、合奏できるようになれば、なお、楽しい時間を親子でも友達とも持てるようになります。

今一つのアプローチは、まず、家族ぐるみで何かをしていることです。それが家族の団らんになり、家族間のコミュニケーションになっており、それにつられて、子どもが好奇心を抱いて、やりたがる時にやらせるというアプローチです。このほうが自然かもしれません。そのうえ、モデルとなる人がいることがより望ましいでしょう。杉山愛さんや錦織圭君は親がモデルとなりましたし、宮里藍さんは二人のお兄さん、そして福原愛さんもお兄さんがモデルになったようです。きょうだいがいない場合は、親がモデルになればよいのです。もちろん、うまくなくてもよいのです、楽しくしている姿を見せることが大切です。

好奇心を持つものは、はじめから一つに絞らないで、いろいろとやらせた方が良いでしょう。多種類の習い事を並行してやることも、いろいろな多様性などを学べて良い効果を上げるでしょう。多すぎては困りますが……。

飽きやすいのはどうするかという問題があります。卓球の愛ちゃんのお母さん・千代さんは以下のように言っています。

「仕方がないことなのですが、子どもはどんな好きなことに取り組んでも、必ず飽きるときが来ます。そんなとき、

『あなたから始めるっていったのに、やめるってどういうこと?』と子どもにいい返すことは簡単です。ただ、それでは子どもを追い込むことになってしまうと思うのです。だったら、目先を変えてあげるほうがより効果があります。子どもは刺激に弱いのです。知らない人や、今まで見たことがないものに接すると、好奇心にスイッチが入ります。そうするとそれまでブツブツいっていたことが嘘のように目を輝かせて取り組んでもらえるようになります」

親はいろいろと工夫する必要があるようです。スズキ・メソードの鈴木先生もいろいろ遊びの要素を入れた練習をさせることがあったようです。

2　子どもの集中力のすごさ

自分の子どもに、どのような才能があるかを見極める力が親にあることが望ましいとは思います。それは、辻井さんの場合のように聴覚の素晴らしさであるということもあるし、運動神経ということもあります。しかし、本当のところはなかなかわからないので、いろいろさせる

中で、伸びるものを伸ばしていけばよいかと思います。**ただ、一流になった子どもの共通点が一つあると思います。それは、すごい集中力です。**これは、生まれつきでもあるようですが、練習中に磨かれるものかもしれません。とにかく、子どもに集中力があるかどうかは一流になるとても大切な条件のようです。杉山さんの調べた石川君たちは、皆「負けず嫌い」だったと言われています。確かに、負けず嫌いも大切でしょう。ただ、私は、負けず嫌いな子は集中力もつきやすいと思います。本当に一流になるのに必要なのは集中力だと考えています。

杉山愛さんは、幼いころから何かに集中すると、いつまでもそれを止めない子だったそうです。福原愛さんの母・千代さんはこのように言っています。「愛は毎日、毎日、本当に卓球に集中していました。コツコツ続けてきたことが、いまの成績につながっていると思います」（中略）「取り組み方が半端ではなかったと思います」（中略）「練習を休まず卓球を続けることができた。こうしたことを才能といえば才能と呼べるかもしれません」。ここには、集中力と持続力の重要さが述べられています。

また、卓球の美宇さんのお母さん・真理子さんは「美宇の最大の長所は、負けず嫌いな性格と集中力だと思います」とも言われています。また、三歳半の美宇さんが卓球をしたいと言ったときは、とても粘り強く決して諦めなかったそうです。真理子さんは「わが子の根気強さにあらためて舌を巻きました」とすら述べています。

辻井いつ子さんに伸行さんの集中力について聞いたときには、「それはすごい集中力でした。信じられないほどの集中力でした」と答えられました。皆、本当にすごい集中力を持っていたようです。

もし、自分の子どもに集中力がないようだと思われたら、一流な何ものかを目指すのは諦めた方が良いかもしれません。

3　親のサポート力・集中力のすごさ

これまで述べてきたように、杉山芙沙子さん、辻井いつ子さん、佐藤亮子さんたちの、子どもの才能を伸ばすためのサポートが、ものすごいものであったことはおわかりになったと思います。

ここでは、卓球の愛ちゃんのお母さん・千代さんについて触れましょう。

彼女は、子どもの飽きっぽさをまず認めることからスタートされたそうです。ですから、どうしたら、集中的に練習を持続させるかをいろいろ工夫したと言われています。そして、小学校時代の夏休みの日々の練習については以下のように述べられています。

「当時の一日の流れは、8時半くらいには家を出て練習場に向かい、9時から練習を開始。そして午前中の3時間、みっちり練習をする。そしてお昼は近くで食べたり、家から持っていったお弁当をふたりで食べる。そして少し休憩して、また6時くらいまで練習。そこでまたごはんを食べて、9時か9時半くらいまで練習を続けるのが日課でした」

すさまじい練習生活ですね。そのうえ、千代さんは、愛さんの練習に最適な場所を考えて、数回転居もしておられますし、最適な練習を求めて、大学生と練習する機会を設けたり、中国にも何度も留学させています。すさまじいエネルギーだと思います。親がこれほどのエネルギーを示すと、子どもも自ずとその集中力や意志の強さを学ぶことでしょう。あるいは、ある程度、遺伝的なものも関係しているのかもしれません。

ですから、**子どもを一流にしたいと思われたら、親は自分にそれだけの集中力やサポート力があるかということを顧みる必要があると思います。**

4　親が楽しい気持ちでサポートしているということが大切、そして本人も……

辻井いつ子さんも伸行さんの世話をすることが無上の幸せだと述べておられますし、杉山芙沙子さんも以下のように言われています。「いつでも『楽しい!』と言い、練習の時も試合の時も楽しむことを忘れなかったことが彼女をトップの位置で長く戦い続けさせたのだと思います」と。福原千代さんも、楽しく、幸せな気持ちの中で、愛さんと関わっていたようです。こんな記載があります。

「愛が小さいころ、わたしが1日24時間も卓球のことをずっと考えていられたなんて、すごいねといわれることがあります。(中略)でも、卓球のことをずっと考えるのは、本当に楽しいことでした。わたしが考えている通りのことを愛ができるようになったら、やっぱりわたしもすごくうれしかったのです。（中略）愛と一緒に卓球の練習を重ねて気づいたのは、子どもは自分と同じだけ苦労してくれたら、親という存在を信用してくれるようになるということです」

ここには、楽しさと信頼とがあります。素晴らしい関係性であったことがうかがわれます。佐藤ママも、「子どもと過ごす時間がこころの底から楽しく、子どもがかわいくてかわいくて仕方がなかった！　毎日１００％の笑顔で過ごせていたと、自信を持って言えます」と言われています。杉山芙沙子さんも愛さんが運動量の割に食が細かったので、さまざまに食事を工夫されたそうです。それは大変ではあったものの、自分の楽しみになったとも言われています。辻井いつ子さんは、伸行さんに好きな曲を弾いてもらうと本当にうれしかったと言われています。**皆さん、すごいサポートをしていますが、本当に楽しそうにされています。それが素晴らしいですね。**

楽しく、練習に関わるという意味では、子どもたち本人も楽しんでいる様子がうかがえます。石川選手はゴルフをすることが楽しくて仕方がなかったと言っています。

苦しい局面も楽しめるということが大切なのかもしれません。

5　子どもに合った教え方を工夫すること、そして小さな達成を積み重ねること

親のサポートとして、今一つ際立っているのは、直接、子どもをトレーニングするにせよ、

それ以外のサポートにせよ、**親御さんが、自分なりにいろいろ工夫していることです。そして、その工夫そのものも楽しまれていることです。**

勉強のさせ方についての佐藤ママのさまざまな工夫が彼女の何冊かの著書に述べられていますが、それはすさまじいものがあります。そして楽しそうでもあります。辻井いつ子さんは、伸行さんに音楽教育の定番に当てはめるような指導はしてもらわなくし、伸行さんにふさわしい教育のやり方を先生方にオーダーメイドで作ってもらったと言っておられます。福原愛選手のお母さんの千代さんははっきりこう言われています。

「練習方法は愛とふたりで積み上げてきたものです。誰に教わったものでもないので、わたしがいろいろなものを読んだり見たりしたことを組み合わせて練習を考えていったのです」

杉山芙沙子さんは愛さんのコーチでもありました。そして、こう言われています。

「それぞれの選手にはそれぞれの選手毎に大事な時期があり、その時にその選手にあった適切なコーチが適切に指導をすることが重要になってきます」

このようにいろいろ工夫されるということは、定番の練習やシステム化された練習だけではなく、子どもに合った指導を模索されたということです。そして、何が子どもに合うかをいろいろ考えることは、子どもの様子を丁寧に見ることが絶対に必要です。そして、何か工夫したことをさせてみて、その反応も見ることになります。そうすれば、子どものありよう・主体性がとても大切にされることになります。

そして、このような工夫は、当然、子どもの進歩を目指しますので、工夫がうまくいったときは、練習や勉強に伴って子どもが小さな達成を体験するはずです。いろいろ工夫しながら、親は子どもに小さな達成を積み重ねてあげさせることができるはずです。このこともとても大切なことかと思います。

6 親御さんに、一貫した信念のようなものがあることも大切

例えば、福原千代さんは、千本ラリーを欠かさず続けるという態度をとっておられたし（千本ラリーは、一回でも失敗すると最初から始めるので、すごい集中力が必要です）、「今日できることは、今日やる」ということをいつも考えておられたそうです。杉山芙沙子さんは、とにかく、コミュニケーションの重要性を感じておられ、問題が起きると徹底したコミュニケーションをもったようです。佐藤ママは、抜くところと絶対に抜かないところがはっきりしています。そして、抜かないところは絶対と言っていいほど抜きません。その一貫した態度はすごいものがあります。辻井いつ子さんは、息子に良いと思うことは、直ちにやってみるという行動力が一貫しています。しかも、この人に会いたい、会わせたいと思うと実際に会いに行かれます。また盲目だからと諦めるということはまったくなかったと言います。晴眼者に合わせるということより、伸行さんのポテンシャルを生かし伸ばすという態度が一貫されています。

皆さん、柔軟性がありながら、ここぞというところは一本筋が通っているように感じます。

7　良い師を見つけること

集中力、持久力などは、一〇歳ごろまでにかなり決まってくると思いますし、運動神経などの基本的な能力も決まってくると思います。ですから、このころまで、何らかの才能が見られたら、いよいよ、何かの競技や専門性のあるものをやらせていくことになると思います。そして、この時期には、親を超えていく子が多く、親の指導では無理が生ずるので、親は、より適切な指導者を選んであげることが大切になります。この時期以降は、指導者に習うためのサポート（送り迎えや、引っ越し）、試合や発表会のためのサポートが中心になるでしょう。そして、子どもを信頼し、指導者を信頼することが大切にもなるでしょう。

良い師を見出すという意味では、辻井いつ子さんが参考になるでしょう。自分がキャッチした情報があると、直ちに動いて、実際に会い、そして子どもの指導を依頼する。それも状況によって、少しずつ指導者を変えていきましたし、指導者ではなくともさまざまなプロからの支援も受けておられます。

卓球の愛ちゃんは、当時圧倒的に卓球の先進国であった中国に何度も練習に行っています。卓球の美宇ちゃんも中国からコーチに来てもらって指導を受けています。千住真理子さんは鷲見三郎先生に指導を受けた後、江藤俊哉先生に指導を受けました。バイオリンの世界を知っている人なら、何とも羨ましい先生方だということがわかるでしょう。スズキ・メソードの鈴木鎮一先生のもとからは多くの有能なバイオリニストが育っています。**やはり、優秀な親以外の指導者がある時期からは必要なのです。その指導者を見つける仕事は、ある年齢までは親の仕事なのです。親御さんが、子どもに、その先生は合っているのかを判断することが必要になるでしょう。**もちろん、子どもの様子をよく見て、うまくいっているのかどうかを判断しつつ、子どもとも相談しながら、結果の出方なども踏まえて判断しなくてはなりません。これは思った以上に親御さんの大切な仕事になります。

8　現代的な状況

子どもたちが健やかに明るく元気に育つ条件があります。それは第一章で述べましたし、本章の最初にも要約しました。しかし、今の時代は、それだけでは、一流のアスリートやアーティストは生まれにくいのです。一時代前であれば、手塚治虫氏のように、漫画に囲まれて（父親が好きなようでした）、絵を描くのが大好きな少年であった彼は、独力で漫画の世界を切り開いていきました。まさにパイオニアでした。以前は、スポーツ選手でも遅くとも思春期ごろからスポーツを始めて、努力して一流になっていきました。千住博さんも思春期になって初めて日本画家を目指すことになり、それまでは絵画教室も行っていなかったのに、芸大を目指し、三浪して入学し、徐々に才能を伸ばしていきました。

今もこういうお子さんはいるかとも思いますが少数派です。ほとんどの子どもたちは、子どものころから、いろいろお稽古ごとをさせられます。しかも、かなりレベルの高い教室が数多く存在する時代になりました。親自身が教室を開いている場合も少なくありません。ですから、親が直接教えるにしても、どこかに習いに行かせるにしても、親が行かせる時代なのです。そして、**子どもが好奇心を持ち、熱心に練習に励んでいく中に才能が光ると、親がさまざまにサポートし、二人三脚で一流への道を歩む時代なのです。昔のように、皆で遊んでいる中で才能が光り、思春期ごろから、何かを始めるという時代ではないのです。**

一流にならなくとも元気に育った子たちは、第一章で述べた条件が揃って育てられた子たちだと考えています。そして、ここで述べたように、一流に育てるためにも、それらは必要条件です。楽しさに溢れ、子どもの主体性を大切にし、一方的に押し付けるのではなく、いろいろ工夫している様子がよくわかります。しかし、それだけでは十分条件は満たせていないのです。十分条件としては、何といっても、子ども自身の集中力と、親のサポート力のすごさです。

ただし、やはり、生まれつきの才能もあると思います。誰もがここで述べたような育て方をすれば、すべて一流になれるものではありません。それは、サラブレッドを見ればわかります。速く走れる馬は皆、早く走れる血筋から育ちます（時に例外はありますが）。ですから、確率的には、やはり、二世、三世選手が多いのも納得のいくところです。血筋もよく、子どものころから良い英才教育を受けてこそ、本当の一流に育つものと考えています。ですから、親御さんは、ある程度、子どもの才能の有無も判断する必要があるかと思います。ただし、その子の才能がいつ伸びるかはわからないのです。子どもが楽しく頑張っていれば、サポートし続けることは無意味ではないでしょう。

ただ気を付けなくてはならないのは、無理に親にやらされて、心もボロボロになっている子も少なくないということです。英才教育をする親は悩む子を育てる親になりかねないのです。成功した子どもたちの周囲にはそのような子がたくさんいるのではないかと危惧しています。現代はそういう時代なのです。よくよく心して子どもを育ててあげてください。

むすび——母親の養育能力を育て支援しよう

わが国は衰退するのでしょうか。地中海の覇権を握り、商業活動を盛んに行い繁栄したヴェネツィアも、ある時期になると衰退期に入ったとのことです。そして『文明が衰亡するとき』[10]の著者、高坂氏は以下のように言っています。「冒険を避け、過去の蓄積によって生活を享受しようという消極的な生活態度は、ヴェネツィア人の貴族の男子で結婚しない人が増えたことに現れている」と。わが国も非婚者が増えていることが知られています。「まったり」とした生き方になると、結婚も面倒なものになるのかもしれません。ヴェネツィアは国土の狭い商業国家であり、その小国が一時期、地中海の覇権を握って素晴らしい繁栄を見せたのです。どこかわが国に似ています。やはり、わが国も滅びの道を行くのでしょうか。国としては、少子高齢化、経済成長の鈍化、中国をはじめ新興国の隆盛に圧倒されてきている様子からは、わが国も衰退の道を進んでいるようにも見えます。

歴史的には、戦前の富国強兵へひた走った時代があり、戦後は、豊かなアメリカ民主主義を必死に目指した時代がありました。今や、そのような国全体が大きな幻想を抱くことは無くなり、共同幻想が失われて三〇年ほどがたちます。ある程度の豊かさを持ちながらも、目指す方向性を失い、将来への不安ばかりが増大する時代になっています。守りに入るのは仕方がないのかもしれません。

「草食系男子」「しらけ」「さとり」世代など、若者の元気の無さを指摘する論調は後を絶ちません。そして、それを証拠立てるかのように子どもたちの体力は低下し続けていました。[34] 若者論で有名な原田氏の指摘する若者の「しらけ」「さとり」傾向は、このような国の、あるいは社会全体の時代的な状況から、生じているものなのかもしれません。[35] しかし、そうであるなら、子どもたちの体力はひたすら低下していくはずです。しかし、一〇年前ほど前から、一部に改善傾向が見られています。また、スポーツでの若者の活躍にかぎらず、芸術や、囲碁・将棋などの領域に至るまで、**最近の若者の活躍は目を見張るものがあります。上昇志向の共同幻想が国から失われても、必ずしも、ひたすら若者のエネルギーが下がり続けるとは限らないようです。**

そうはいっても、「まったり」とした、私の言う「それなり」世代の若者が増加しているのも間違いありません。このような若者の変化は、何から起きているのでしょうか。

私は、やはり、原因、少なくとも要因は、家族構造の変化と、それに伴う親の養育能力や態度の変化にあるように思います。なんといっても少子化のために、世帯人数の最大多数が二人になったことが大きいと思います。四人世帯すら急速に減少しているのです。今の傾向が続ければ、もうすぐ二人世帯が三五〜四〇%に迫る状況です。二人世帯ということは、子どもがいれば、親子二人家族ということです。二人世帯に続いて微かに増えている三人世帯であっても、両親がいれば子ども一人ということになります。つまり、一人っ子が圧倒的に増え続けており、同時に、母親一人が、その一人の子どもを育てているという状況になっているのです。

大家族の時代は、祖母もおり、年長の姉も子育てを手伝いました。皆で子どもを育てたのです。そのため、多く人の目があり、多様な世話が焼かれ、そのような環境で子どもは育ったのです。そして、子どもが多数のため、きめ細かに育てられることはなかったので、子どもは群れとなって、子ども同士で遊び、生きる力を育てたものです。母親はある意味で楽でしたし、祖母などからも教えられて、養育能力も育まれたのです。

しかし、今や、多くは、母親が一人で一人の子を育てるという状況が大多数になっているのです。子育ての方法も教えられず、教えるべき祖母もおらず、しばしば夫も不在なのです。母親は孤軍奮闘して育てなくてはならないのです。今の子どもたちは、一人っ子、せいぜい二人っ子のために孤立しがちであり、そのうえ、初めての子育てで不安だらけの母親に育てられるのです。こうして、現代の平均的な家庭では、不安傾向の強い母親に、多くは一人の子として、過剰なまでに手をかけられて育つことになります。そのうえ、学童期になれば、いくつかのお稽古ごとをさせられます。そこでは、インストラクターや指導者という大人がいるので、大人の言うことを聞いて、言われたなりに、それなりに課題をこなすことを学びます。どうしても、親の影響を受けて不安が強く慎重になります。しかしその一方で、一人っ子として大切に育てられ、争う必要もなく、豊かに育てられるので、何より自分を大事にし、「それなり」に与えられるものをこなして生きるようになります。「それなり」世代の誕生です。

一方で、母親の養育能力は、母親が孤立した状況にあるため、個人差が大きくならざるを得ません。素晴らしい能力を持つ親に育てられると、本書で示したような杉山さん、辻井さん、佐藤さんのように、健やかな子どもを育てるばかりでなく、子どもの潜在的な才能を豊かに開花させるような養育がなされます。これが私の言う「養育能力格差社会」の光の部分です。一方で、母親としての母性すら育っていない親に育てられた子や、養育能力そのものが育っていない親に育てられると、容易に虐待などに至ります。家族が孤立しているので、母親がうつ病などの慢性疾患などにかかると、補う人がいないため、容易に機能不全家族に陥ってしまいます。これらの状況が、「養育能力格差社会」の影の側面と言えましょう。今や、家族は孤立しているので、母親の持つ問題が、底深く、しかも直接に子どもに影響を与えてしまうのです。

しかし、私が危惧するのは、一見、安定した家庭なのですが、親は子どものためと思って手をかけすぎたり、親の不安・緊張が強すぎたり、親の都合でコントロールしたり、子どもの気持ちを決めつけたりするような、微妙に親子のコミュニケーションに問題のある家庭環境・親子関係です。親子関係が濃厚になるため、しかも、その親子の関係性のみで育つために、このような微妙な問題のある養育環境が、子どもに深刻な影響を与えてしまうのです。子どもたちは、それなりに育っていくのですが、早ければ学童期・思春期に、遅ければ大人になってから、さまざまな心の問題が表れ苦しむことになるのです。この側面も「養育能力格差社会」の影の側面と言えましょう。

これらの「養育能力格差社会」の光や影の側面を考えると、**今や、親の養育能力で子どもの人生が決まりかねない時代になったと言えましょう。**

言いかえれば、国の衰退や若者の熱の無さを嘆くより、親のそれも母親の養育能力を育てサポートする体制を整えることが急務だということです。すでに触れたように、**一方で虐待や不登校も増え続けていますし、「まったり」「それなり」型の若者も増えているのですが、その一方で、エネルギーや才能のある若者に溢れてきているのです。つまり、親の養育能力の格差にしたがって、子どもたちの様相は拡散し続けているのです。**

つまり、現代という、国民から夢が失われ、少子高齢化で縮小していく社会ではあっても、子どもの育てようで、熱のあるエネルギーのある若者が育つということです。しかも、ある程度、本書で示したように、健やかで元気な子に育てる養育とは、どういうものかもわかってきているのです。それをサポートする施設やシステムも揃っているのです。親の育て方で、子どもは、どうにでもとは言いませんが、かなり変わりうるのです。世の親御さんはもちろんのこと、教育や臨床など、子どもや若者に関わる方々は、この点を深く認識してほしいと思います。

本書が、元気で健やかな子どもを育てる参考になれば、それもできれば、才能を伸ばすような養育の参考になれば幸いです。私自身が、子育ての折に、本書を手にしていれば、もう少し良い養育ができたはずだと残念に思っています。書きながら、反省ばかりしていました。本書は養育のための良き参考書になっていると思います。皆様には、是非一読していただきたいと思っております。

なお、インタビューさせていただいた辻井いつ子さん、原稿が遅れても我慢強く支えていただいた日本評論社の遠藤俊夫さん、此村友紀子さんに深く感謝いたします。

二〇一九年一一月

鍋田恭孝

【文献】

(1) 母子愛育会愛育研究所『日本こども資料年鑑』KTC中央出版、二〇一八年
(2) 生島淳『愛は天才じゃない—母が語る福原家の子育てって?』三起商行、二〇〇五年
(3) 池江俊博『子どもを「伸ばす親」と「ダメにする親」の習慣』明日香出版社、二〇一四年
(4) エイミー・チュア(齋藤孝訳)『タイガー・マザー』朝日出版社、二〇一一年
(5) 遠藤利彦、佐久間路子、徳田治子他『乳幼児のこころ—子育ち・子育ての発達心理学』有斐閣、二〇一一年
(6) 岡田尊司『シック・マザー—心を病んだ母親とその子どもたち』筑摩書房、二〇一一年
(7) 柏木惠子『子どもが育つ条件—家族心理学から考える』岩波書店、二〇〇八年
(8) 神成美輝『モンテッソーリ流「自分でできる子」の育て方—知る、見守る、ときどき助ける』日本実業出版社、二〇一五年
(9) キャリル・マクブライド(江口泰子訳)『毒になる母—自己愛マザーに苦しむ子供』講談社、二〇一五年
(10) 高坂正堯『文明が衰亡するとき』新潮社、二〇一二年
(11) 齋藤孝『若者の取扱説明書—「ゆとり世代」は、実は伸びる』PHP研究所、二〇一三年
(12) 相良敦子『お母さんの「敏感期」—モンテッソーリ教育は子を育てる、親を育てる』文藝春秋、二〇〇七年
(13) 佐々木正美『過保護のススメ』小学館、二〇〇二年
(14) 佐藤亮子『佐藤ママの子育てバイブル—三男一女東大理Ⅲ合格!:学びの黄金ルール42』朝日新聞出版、二〇一八年
(15) 佐藤亮子『「灘→東大理Ⅲ」の3兄弟を育てた母の秀才の育て方—難関中&医学部』KADOKAWA、二〇

一四年
(16) 佐藤亮子『3男1女東大理Ⅲの母―私は6歳までに子どもをこう育てました』中央公論新社、二〇一八年
(17) H・R・シャファー(無藤隆、佐藤恵理子訳)『子どもの養育に心理学がいえること―発達と家族環境』新曜社、二〇〇一年
(18) 杉山芙沙子『一流選手の親はどこが違うのか』新潮社、二〇一一年
(19) スーザン・フォワード(玉置悟訳)『毒になる親―一生苦しむ子供』講談社、二〇〇一年
(20) 鈴木鎮一『愛に生きる―才能は生まれつきではない』講談社、一九六六年
(21) 千住文子『千住家の教育白書』新潮社、二〇〇五年
(22) 高橋孝雄『小児科医のぼくが伝えたい最高の子育て』マガジンハウス、二〇一八年
(23) 高濱正伸『「生きる力」をはぐくむ子育て―10歳までが勝負!』角川SSコミュニケーションズ、二〇〇七年
(24) 高濱正伸『伸び続ける子が育つお母さんの習慣』青春出版社、二〇一二年
(25) ダン・ニューハース(玉置悟訳)『不幸にする親―人生を奪われる子ども』講談社、二〇〇八年
(26) 辻井いつ子『今日の風、なに色?―全盲で生まれたわが子が「天才少年ピアニスト」と呼ばれるまで』アスコム、二〇〇〇年
(27) 辻井いつ子『のぶカンタービレ!―全盲で生まれた息子・伸行がプロのピアニストになるまで』アスコム、二〇〇八年
(28) 辻井いつ子『親ばか力―子どもの才能を引き出す10の法則』アスコム、二〇一〇年
(29) 鍋田恭孝編『思春期臨床の考え方・すすめ方―新たなる視点・新たなるアプローチ』金剛出版、二〇〇七年
(30) 鍋田恭孝『変わりゆく思春期の心理と病理―物語れない・生き方がわからない若者たち』日本評論社、二〇〇七年

(31) 鍋田恭孝『身体醜形障害―なぜ美醜にとらわれてしまうのか』講談社、二〇一一年
(32) 鍋田恭孝『子どものまま中年化する若者たち―根拠なき万能感とあきらめの心理』幻冬舎、二〇一五年
(33) 鍋田恭孝『10歳までの子を持つ親が知っておきたいこと』講談社、二〇一五年
(34) 阪本節郎、原田曜平『日本初!たった1冊で誰とでもうまく付き合える世代論の教科書―「団塊世代」から「さとり世代」まで一気にわかる』東洋経済新報社、二〇一五年
(35) 原田曜平『若者わからん!「ミレニアル世代」はこう動かせ』ワニブックス、二〇一八年
(36) 平野真理子『美宇は、みう。―夢を育て自立を促す子育て日記』健康ジャーナル社、二〇一七年
(37) ヘレン・リンク・エガー他『*DC:0-3R: Diagnostic classification of mental health and developmental disorders of infancy and early childhood, Rev. ed.*』ZERO TO THREE press, 2005.
(38) 舞田敏彦『データで読む教育の論点』晶文社、二〇一七年
(39) 無藤隆、高橋惠子、田島信元他『発達心理学入門I―乳児・幼児・児童』東京大学出版会、一九九〇年
(40) 諸富祥彦『あの天才たちは、こうそだてられていた!―才能の芽を大きく開花させる最高の子育て』KADOKAWA、二〇一八年
(41) 柳沢幸雄『男の子を伸ばす母親が10歳までにしていること』朝日新聞出版、二〇一八年
(42) 横峯吉文『天才は10歳までにつくられる―読み書き、計算、体操の「ヨコミネ式」で子供は輝く!』ゴルフダイジェスト社、二〇〇七年

鍋田恭孝　（なべた・やすたか）

青山渋谷メディカルクリニック名誉院長
慶應義塾大学医学部卒業後、同精神神経科助手、講師をつとめた後、宇都宮大学保健管理センター助教授、防衛医科大学校講師、大正大学人間学部教授、立教大学現代心理学部教授を経て現職。
各大学病院では思春期専門外来、心身症専門外来、うつ病専門外来を担当し、研究・臨床にあたる。特に、対人恐怖・不登校・引きこもり・うつ病・身体醜形障害の治療についてはわが国をリードするエキスパートである。
また、青山心理臨床教育センターおよび東京精神療法研究会の代表として精神療法の教育・実践にも力を入れている。
医学博士、臨床心理士、欧州共同認定サイコセラピスト。
日本青年期精神療法学会常任理事（元理事長）、日本心身医学会代議員、日本うつ病学会評議員
2007年、日本精神衛生学会賞である「土居健郎記念賞」受賞
著書に『変わりゆく思春期の心理と病理』（日本評論社）、『思春期臨床の考え方・すすめ方』（編著・金剛出版）、『子どものまま中年化する若者たち』（幻冬舎）、『10歳までの子を待つ親が知っておきたいこと』（講談社）他多数。

悩《なや》む子《こ》どもを育《そだ》てる親《おや》
子《こ》どもの才能《さいのう》を伸《の》ばす親《おや》——養育能力格差社会《よういくのうりょくかくさしゃかい》の光《ひかり》と影《かげ》

2019年12月25日　第1版第1刷発行

著　者——鍋田恭孝
発行所——株式会社　日本評論社
〒170-8474　東京都豊島区南大塚3-12-4
電話 03-3987-8621（販売）-8598（編集）
振替　00100-3-16
印刷所——港北出版印刷株式会社
製本所——牧製本印刷株式会社
装　幀——駒井佑二

ISBN978-4-535-56367-4　Printed in Japan

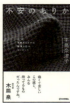

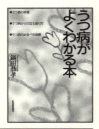

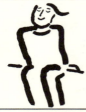